AIR
FRYER

FSC
www.fsc.org
100%
Procedente de
bosques sostenibles
FSC® C188667

© 2026, Editorial LIBSA
C/ Puerto de Navacerrada, 88
28935 Móstoles (Madrid)
Tel.: (34) 91 657 25 80
e-mail: libsa@libsa.es
www.libsa.es

ISBN: 978-84-662-4492-3

Derechos de edición para todos los países de habla española.
AIR FRYER © Nextquisite Ltd 2019

Traducción: Juan José Izquierdo Marinero
Título original: *AIR FRYER. 100 recipes*

DL: M 10797-2025

Director de arte: Marco Nardi
Fotografía: Brent Parker Jones
Texto: Johanna Thompson, Carla Bardi

NOTA PARA LOS LECTORES

Comer huevos o claras de huevo que no estén completamente cocinados
presenta la posibilidad de intoxicación alimentaria por salmonela. El riesgo es
mayor para las mujeres embarazadas, los ancianos, los niños y las personas con el
sistema inmunitario debilitado. Si le preocupa la salmonela, puede utilizar claras
de huevo en polvo reconstituidas o huevos pasteurizados.

AIR FRYER

100 recetas

LIBSA

Contenido

Introducción[*]

Antes de tener una freidora de aire debo admitir que pensaba que era una moda pasajera más, otro artilugio de cocina muy publicitado que ocuparía aún más espacio en mis ya abarrotadas encimeras. Al final caí en la tentación de comprarla porque en nuestra casa nos encanta comer fritos crujientes, pero no nos damos ese capricho muy a menudo. La comida frita tiene un sabor increíble, pero no es muy saludable y no debería abusarse de ella. Además, freír lleva mucho tiempo y hay que limpiar mucho, lo que no ocurre con la freidora de aire.

Me intrigaba la idea de poder preparar patatas fritas y aros de cebolla con solo 1-2 cucharadas de aceite. Aquí es donde empecé con mis recetas, y luego pasé a freír calamares, empanar verduras y pescado, y cocinar muslos de pollo y hamburguesas. Pronto empecé a experimentar con el horneado, con excelentes resultados. Cuanto más utilizaba esta maravillosa máquina, más me gustaba. No puede sustituir a mi gran horno convencional para muchas cosas, pero es ideal para muchas otras.

Para entenderlo mejor hay que saber que el nombre de la freidora de aire es en realidad un nombre inapropiado, o una excelente estrategia de *marketing*, si lo prefiere. La freidora de aire es en realidad un horno de convección muy pequeño y muy potente, y efectivamente, puede «freír con aire» una serie de alimentos con solo una pequeña cantidad de aceite. Hace circular aire caliente por su pequeño interior de forma mucho más eficiente que la mayoría de los hornos de convección grandes, cubriendo los alimentos uniformemente

---

* En español, la expresión equivalente de la inglesa «air fryer» es freidora de aire, si bien este pequeño electrodoméstico suele denominarse también «freidora sin aceite».

con aceite y cocinándolos mucho más rápido que un horno convencional. Para ser justos, las patatas fritas en freidora de aire no saben tan bien como las fritas en aceite y sartén, pero muchas otras verduras están magníficas en la freidora de aire, y nunca se me habría ocurrido freírlas. Pruebe los espárragos de la página 65 para ver a lo que me refiero. Otra cosa que hay que tener en cuenta es que no es necesario utilizar aceite en la freidora de aire; se pueden cocinar muchas cosas igual que en un horno normal, solo que más rápidamente y utilizando mucho menos tiempo para limpiar después.

Ahora uso la freidora de aire a diario. Es genial cuando estoy sola en casa y quiero preparar algo caliente y sabroso para comer. No tengo que esperar 15 minutos a que se caliente el horno grande para preparar una tostada de pan con queso. O puedo cortar unas verduras, echarles un par de cucharaditas de aceite y prepararlas en la freidora de aire en unos minutos. Eso significa menos gasto de energía y cuidado a nuestro medio ambiente. Pero también lo utilizo para aperitivos familiares (prueba los calamares de la página 95) y una gran variedad de platos de pescado, carne y verduras. Estoy especialmente contenta con el sistema de galletas congeladas «a demanda» (véanse las páginas 162 y 164), que nos permite comer galletas recién hechas siempre que queremos, sin tener que engullir 20 en 2 o 3 días antes de que se estropeen.

Las recetas de este libro le servirán para empezar. Espero que las disfrute tanto como nosotros y que las utilice como plataforma de lanzamiento para sus propias creaciones. ¡Disfrute de la cocina!

Todo sobre las freidoras de aire

Dónde empezó todo

La tecnología que hay detrás de la freidora de aire se desarrolló a principios de los años noventa para ser utilizada en restaurantes y cocinas de hoteles. No fue hasta 2010 cuando Phillips consiguió adaptar estos aparatos para su uso en las cocinas domésticas. Tan solo diez años después, la freidora de aire era un enorme éxito comercial, con más de 100 marcas compitiendo por atraer a unos consumidores cada vez más numerosos y entusiastas.

Tipos de freidoras de aire

En la actualidad, las freidoras de aire presentan una amplia gama de formas y tamaños, pero el diseño «clásico» Phillips con una cesta de carga frontal es uno de los más comunes. Otras formas son las de carga superior tipo huevo y las rectangulares, parecidas a los microondas.

Las freidoras de aire Phillips tienen distintos tamaños, pero comparten el mismo diseño elegante, la cesta de carga frontal y las características de fácil limpieza.

Algunas freidoras de aire se cargan por la parte superior y disponen de una amplia variedad de ajustes digitales para obtener los mejores resultados.

Cómo funcionan

A pesar de sus diferentes formas, todas las freidoras de aire funcionan de la misma manera, utilizando la «tecnología de aire rápido» para enviar aire supercaliente a gran velocidad por el interior de un pequeño horno. Gracias a este flujo de aire y calor, platos como un costillar de cordero asado puede estar listo en solo 30 minutos, mientras que las verduras asadas solo tardarán unos 20 minutos.

Algunas freidoras de aire un poco más grandes tienen un diseño más convencional. Son adecuadas si cocina habitualmente para más de 4-5 personas.

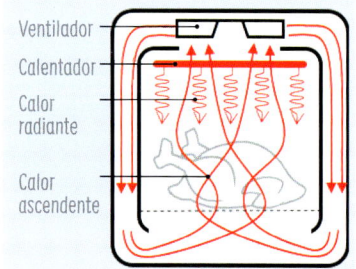

Ventilador
Calentador
Calor radiante
Calor ascendente

El accesorio para hornear tiene un asa que facilita meterlo y sacarlo de la cesta. Esto es especialmente útil cuando el recipiente está caliente.

A menos que tenga un modelo grande, es posible que sus moldes de 20 cm no le sirvan. Compre bandejas más pequeñas en las tiendas de utensilios de cocina si no quiere gastar mucho en accesorios.

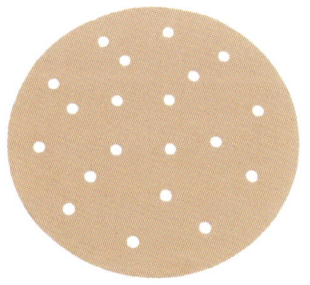

En Internet se pueden encontrar papeles especiales perforados para las cestas de la freidora. Si utiliza papel de aluminio o papel de horno para forrar la cesta de la freidora, asegúrese de hacerle agujeros para que el aire pueda circular.

Precalentado

A diferencia de la mayoría de los hornos convencionales, las freidoras de aire se precalientan en solo 2-3 minutos. Algunos modelos tienen un botón temporizador de precalentamiento que se enciende cuando se alcanza la temperatura deseada. Entendemos que llenar la cesta muy caliente resulta un poco complicado, por eso los tiempos de nuestras recetas están todos calculados en frío. Es mucho más fácil cargar la cesta en frío.

Capacidad

Las freidoras de aire varían en tamaño desde las pequeñas hasta las familiares. Las más pequeñas tienen una capacidad de solo 1,5 a 2 litros y son adecuadas para 1-2 personas. Los modelos más grandes, de 3 a 5 litros, son adecuados para cocinar aperitivos y comidas para 3-4 personas. Las freidoras de aire más grandes, de hasta 9,5 litros, son ideales para familias numerosas y para cocinar para mucha gente. Todas las recetas de nuestro libro han sido probadas en una Phillips XL que puede cocinar fácilmente para 3-5 personas.

¿Qué más necesito? ¡Accesorios!

Puede cocinar la mayoría de los platos sin necesidad de comprar más vajilla o accesorios. Dicho esto, quizá descubra que muchas de las bandejas que ya tiene no encajan en la freidora de aire, sobre todo al hornear, por lo que uno o dos accesorios para hornear pueden ser una buena inversión.

¿Puedo cocinar alimentos congelados en mi freidora de aire?

Las freidoras de aire son ideales para preparar alimentos congelados como patatas fritas, nuggets de pollo, hamburguesas de pescado empanadas y aperitivos como los rollitos de primavera. Puede meterlos directamente del congelador. Si no hay instrucciones específicas para freidora de aire en el envase, la regla general es reducir la temperatura unos 10 °C y reducir el tiempo de cocción un 20 %. Recuerde que estos alimentos precocinados no son tan sanos y que la freidora de aire es ideal para cocinar comida auténtica.

¿Qué alimentos se cocinan mejor en una freidora de aire?

Si le gusta un exterior dorado y crujiente y un delicioso sabor en el interior, la respuesta tiene que ser comida empanada. El aire caliente del pequeño horno crea una capa exterior crujiente al tiempo que retiene el sabor y la humedad. Pinte o rocíe los alimentos con un poco de aceite antes de cocinarlos para obtener un mejor resultado; también puede pincelarlos con miel o huevo para dorarlos.

Cómo perfeccionar el crujiente

Para que quede lo más crocante posible, use pan rallado panko o tueste el pan rallado seco en el microondas durante unos minutos. Cuando cocine alimentos empanados, pinte o rocíe siempre el fondo de la cesta de la freidora de aire con un poco de aceite para evitar que la deliciosa corteza empanada se pegue.

¿Tengo que darle la vuelta o remover durante el cocinado?

Sí. Aunque el aire circula a gran velocidad dentro del horno, los alimentos se cocinan de manera más uniforme si los damos vuelta o los removemos a la mitad del cocinado. Puede remover las verduras o agitar la cesta, pero debe dar la vuelta a los alimentos empanados con cuidado para que no pierdan su capa exterior crujiente.

¿Puedo cocinar una comida completa en mi freidora de aire?

Claro, si su freidora de aire es lo suficientemente grande, puede cocinar una comida completa. Use una rejilla para asar para colocar los alimentos en capas y así poder cocinar más de un alimento a la vez. Por ejemplo, coloque las verduras directamente en la cesta de la freidora de aire y la carne en la rejilla de arriba; de este modo, sus deliciosos jugos gotearán sobre las verduras mientras se cocinan. Otra opción es planificar la comida, cocinando primero los alimentos que tardan más y manteniéndolos calientes mientras termina de preparar los alimentos que necesitan menos tiempo de cocinado.

Unas pinzas de cocina son muy útiles para dar la vuelta con cuidado a los alimentos empanados; no querrá desperdiciar los deliciosos trocitos crujientes de pan.

Utilice una brocha de pastelería o un espray pulverizador para rociar pequeñas cantidades de aceite en la cesta de la freidora o sobre los alimentos para evitar que se peguen.

Se pueden utilizar moldes individuales de silicona para hacer magdalenas y cupcakes en la freidora de aire.

¿Los alimentos no quedan cocinados o crujientes?

No llene demasiado la cesta. A medida que vaya utilizando la freidora irá aprendiendo la cantidad de alimentos que puede cocinar correctamente, pero al principio ponga menos cantidad.

¡Socorro, mi aparato echa humo!

Si sale humo blanco de la freidora, probablemente se deba a que se ha filtrado grasa o comida por debajo de la cesta. Añada un poco de agua en ese espacio y límpielo en cuanto la comida esté cocinada. Si ve humo negro, apague la máquina y compruebe que los alimentos no han sido aspirados hacia la resistencia, donde se están quemando.

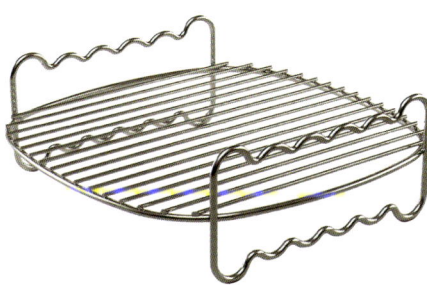

Una rejilla de asar como esta es perfecta para brochetas, pero también puede utilizarla para cocinar los alimentos por capas. Una capa en el fondo y otra en la rejilla. Los alimentos tardan un poco más en cocinarse cuando la freidora de aire está llena.

Los 10 favoritos

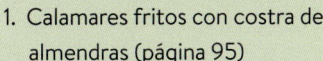

Algunas recetas son especialmente adecuadas para la freidora de aire. Mientras experimentábamos con las recetas de este libro, elaboramos una lista de nuestras favoritas. Si está buscando por dónde empezar, intente alguna de estas recetas.

1. Calamares fritos con costra de almendras (página 95)

2. Tarta de queso y fruta de la pasión (página 184)

3. Muslos de pollo crujientes y picantes (página 119)

4. Rollitos de primavera vietnamitas (página 42)

5. Pastel de chocolate con remolacha (página 175)

6. Costillas al estilo de Memphis (página 150)

7. Berenjenas a la parmesana (página 77)

8. Pizza rápida y fácil (página 22)

9. Hojaldre de frutos rojos sencillo (página 187)

10. Tomates asados con arroz (página 86)

Aperitivos y tentempiés

Las freidoras de aire son ideales para preparar aperitivos, especialmente para una o dos personas. Si te apetece una tostada de queso, por ejemplo, la idea de encender el horno, esperar de 10 a 15 minutos a que se caliente y preparar una sola rebanada te parece un desperdicio y demasiado engorro. En cambio, una o dos tostadas de queso pueden estar hechas en una freidora de aire entre 5 y 10 minutos.

Este capítulo incluye algunos aperitivos y tentempiés clásicos para mostrarle lo fáciles que son de preparar en su nuevo aparato. En cuanto le coja el truco, podrá actualizar todos sus platos favoritos para prepararlos en la freidora de aire. También hemos incluido algunas recetas algo más exigentes para añadir a su repertorio.

Higos envueltos en jamón serrano

Preparación: 5-10 min

Cocinado: 8-10 min

Un entrante sabroso y con una presentación muy elegante. Si le preocupa su alto contenido en sal o los nitratos en los embutidos y la charcutería y la afirmación de la OMS de que son cancerígenos, debe saber que el jamón serrano es una buena fuente de proteínas y de vitaminas del grupo B que, consumido de manera puntual, no entraña riesgos para la salud.

8	higos maduros
150 g	jamón serrano en lonchas finas
8	hojas de laurel

RACIONES

Prepare la freidora de aire a 190 °C.
Pele los higos dejándolos enteros. Envuelva cada uno en 2 o 3 lonchas de jamón serrano y utilice una hoja de laurel enrollada como si fuera un palillo para sujetarlas. Coloque los higos de pie en la cesta de la air fryer. Cocínelos durante 8-10 minutos, hasta que empiecen a rezumar un líquido espeso. Coloque los higos calientes en platos, vierta sus jugos por encima y sírvalos enseguida.

calorías: 100

grasas: 2 g

grasas saturadas: 0,7 g

azúcar: 12 g

sal: 1 g

Almendras tostadas con tomillo fresco

Preparación: 5 min

Cocinado: 4-6 min

Las freidoras de aire son geniales para tostar frutos secos. Los dejan crujientes y aromáticos en 4-6 minutos dependiendo del tamaño. Es una buena manera de preparar un aperitivo saludable de frutos secos «tostados» que tan bien combinan con unas bebidas antes de cenar. Compre frutos secos crudos, añádales un poquito de sal marina y rocíelos ligeramente con aceite antes de cocinarlos

100 g almendras crudas
1-2 cucharadas soperas de tomillo fresco
escamas de sal marina recién molidas
aceite de oliva extra virgen para
rociar o pincelar

RACIONES

Programe la air fryer a 180 °C.
Mezcle en un bol las almendras con el tomillo y la sal al gusto. Si lo desea rocíelas o píntelas con un poco de aceite. Las almendras también están ricas sin aceite, pero una ligera capa ayuda a fijar en ellas la sal y el tomillo. Cocínelas durante 4-6 minutos hasta que estén crujientes y doradas moviendo la cesta un par de veces durante la cocción. Déjelas enfriar antes de servir.

calorías: 140

grasas: 12,5 g

grasas saturadas: 1 g

azúcar: 1 g

sal: 1,5 g

«Chips» vegetales

Necesitará un pelador manual o una mandolina para cortar los vegetales en rodajas muy finas y uniformes. Hay muchos modelos disponibles en tiendas de utensilios de cocina y en Internet. Se pueden hacer «chips» con la mayoría de las hortalizas, pruébelo con zanahorias, patatas, colinabos y apio, por ejemplo.

Preparación: 15 min + 30 min de reposo

Cocinado: 16-20 min

1 batata mediana-grande pelada
1 chirivía grande pelada
1 remolacha roja grande pelada
  aceite de oliva virgen extra, para rociar o pincelar (opcional)
  escamas de sal marina, al gusto
1 cucharadita de romero fresco finamente picado

Con una cortadora manual o una mandolina, corte las verduras lo más finas posible (entre 1,5 y 3 mm). Deben ser lo más uniformes posible para que todas se cocinen a la misma velocidad.
Ponga cada tipo de verdura en cuencos separados con agua helada. Déjelas reposar unos 30 minutos.
Después escurra las verduras y séquelas con cuidado sobre un paño limpio o con papel de cocina.
Ponga la freidora de aire a 180°C. Mezcle el boniato y la chirivía en un bol. Sazone con sal al gusto y la mitad del romero. Dispóngalo en la cesta de la freidora y cocínelo de 8 a 10 minutos, hasta que estén crujientes, agitando la cesta 2 o 3 veces durante la cocción.
Pasar a una cazuela y mantener caliente mientras se cocina la remolacha de la misma manera. Asegúrese de cocinar la remolacha por separado, ya que manchará los otros «chips» si se hacen juntos.
Dejar enfriar a temperatura ambiente y mezclar en un bol para servir.

4
RACIONES

calorías: 90

grasas: 2,7 g

grasas saturadas: 0,5 g

azúcar: 5,5 g

sal: 0,6 g

Crema de pimientos asados

Los pimientos asados caseros son una delicia, pero prepararlos a la parrilla es complicado y lleva mucho tiempo. La freidora de aire hace ese trabajo de una forma genial y mucho más fácil. La melaza de granada es un sirope ácido que aporta un sabor intenso. Se puede comprar en tiendas de alimentación de Oriente Medio o por Internet. También se puede preparar en casa hirviendo a fuego lento 250 ml de zumo de granada durante 10-12 minutos.

Preparación: 15 min + 15 min de reposo

Cocinado: 25-27 min

2	pimientos rojos medianos
4	panes de pita de trigo integral
60 g	nueces peladas
½	cucharadita de pimentón picante
½	cucharadita de comino molido
½	cucharadita de pimienta de cayena

1	cucharadita de zumo de limón fresco
2	cucharadas de melaza de granada
60 ml	aceite de oliva virgen extra
	perejil fresco para adornar

Lave los pimientos y córteles la parte superior. Con un cuchillo, quítele las hebras blancas, el corazón y las semillas. Coloque los pimientos de lado en la cesta.

Ajuste la temperatura de la freidora a 200 °C y cocine durante 25-27 minutos, hasta que las pieles se arruguen y empiecen a ennegrecerse. Dé la vuelta a los pimientos a la mitad de la cocción.

Sáquelos de la freidora y colóquelos en una fuente. Cúbralos con papel de aluminio y déjelos que se sigan haciendo con su propio calor durante 15 minutos más.

Retire la piel de los pimientos y corte la carne en tiras.

Triture un pan de pita en una batidora hasta que se formen migas gruesas. Añada las nueces, el pimentón, el comino y la cayena y triture hasta que estén bien mezclados. Incorpore los pimientos, el zumo de limón y la melaza de granada y vuelva a triturar hasta obtener una mezcla homogénea. Agregue poco a poco el aceite a chorro fino y constante y bata hasta que se mezclen.

Tueste los panes de pita restantes y córtelos en trozos.

Pase la crema de pimientos a una fuente, decore con perejil y sírvalo con los panes de pita al lado.

4 RACIONES

calorías: 370

grasas: 25 g

grasas saturadas: 3,4 g

azúcar: 4,5 g

sal: 0,6 g

Tostadas de guacamole y queso de cabra (y todo tipo de tostadas)

Preparación: 5 min

Cocinado: 8-10 min

Las freidoras de aire son estupendas para preparar tostadas de aperitivo. Solo hay que cortar tantas rebanadas de pan como quieras servir, tostarlas en la air fryer durante 4-5 minutos hasta que estén crujientes y untarlas con aguacate machacado, daditos de tomate o lo que prefiera. Si quiere que los ingredientes estén calientes o se derritan –salsa, chutney, queso o salchichas– tueste primero el pan ligeramente, luego añada los ingredientes y cocínelos hasta que se derritan o calienten, unos 5 minutos.

1	aguacate maduro
½	cebolla roja pequeña, finamente picada
1	chile jalapeño, sin semillas y finamente picado
1	diente de ajo picado
2	cucharaditas de zumo de lima fresco
¼	cucharadita de sal marina en escamas
¼	cucharadita de pimienta negra recién molida
90 g	queso de cabra cremoso y suave
16	rebanadas de pan de baguette
1	cucharada de aceite de oliva virgen extra
1-2	tomates en rama medianos, sin semillas y finamente picados

8 RACIONES

Prepare la freidora de aire a 190 °C.

Unte 8 rebanadas de pan con un poco de aceite y colóquelas en la cesta de la freidora sin que se monten. Hornear durante 4-5 minutos a 190 °C, hasta que estén crujientes y doradas. Repita la operación con las rebanadas restantes. Mientras tanto, corte el aguacate por la mitad, quítele el hueso, saque la pulpa con una cuchara y póngala en un bol. Aplástela con un tenedor hasta que quede en trozos. Añada dos tercios de la cebolla, el chile, el ajo, el zumo de lima, la sal y la pimienta negra. Incorpore el queso de cabra y mezcle bien. Unte cada rebanada de pan tostado con parte de la mezcla de aguacate. Mezcle el tomate con el resto de la cebolla roja en un bol y corone con ello cada rebanada. Sazone con más pimienta negra y sirva.

calorías: 265

grasas: 9 g

grasas saturadas: 3,1 g

azúcar: 3,5 g

sal: 0,9 g

Pizza rápida y fácil

Preparación: 10 min

Cocinado: 15 min

Aquí tiene una manera de disfrutar de una pizza rápida y fácil para la comida o el aperitivo. Nuestra receta es para dos, pero puede hacerla para uno con la mitad de los ingredientes o para cuatro si los duplica. Varíe los ingredientes a su gusto, pero procure no sobrecargar la tortilla o el pan de pita. Sírvala caliente directamente desde la air fryer, ya que la pizza se reblandece cuando se enfría.

2	tortillas de harina o 2 panes de pita, lo suficientemente grandes para que quepan en la cesta de la freidora de aire
4	cucharadas de salsa de tomate
2	cucharaditas de alcaparras
60 g	queso mozzarella fresco o gruyere rallado
	Un puñado de hojas frescas de rúcula o albahaca, para decorar
	Pimienta negra o guindilla triturada

Prepare la freidora de aire a 190 °C.
Para obtener una base más crujiente, cocine la tortilla o el pan de pita en la freidora de aire durante 2 minutos a 190 °C antes de añadir los ingredientes. Después úntelas uniformemente con 2 cucharadas de salsa de tomate y espolvoree las alcaparras y el queso.
Coloque la pizza en la cesta de la freidora de aire y cocínela hasta que el pan esté crujiente y el queso derretido, de 5 a 6 minutos. Cocine la pizza restante de la misma manera.
Espolvoree las pizzas con la rúcula o la albahaca. Se puede sazonar con pimienta o guindilla triturada. Servir caliente.

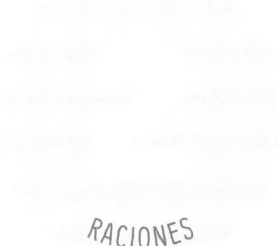

RACIONES

calorías: 260

grasas: 7,3 g

grasas saturadas: 4,3 g

azúcar: 2,7 g

sal: 1,4 g

Wrap de berenjena, mozarella y pesto

Las freidoras de aire son estupendas para hacer wraps calientes con queso. Nuestra receta es solo una idea, pero se pueden utilizar muchos ingredientes. Solo hay que asegurarse de que los ingredientes ya estén cocinados (o no requieran cocción) y añadir un poco de queso. Puede probar con tomate, mozzarella, pesto y albahaca; salsa de chile dulce y gouda; mermelada de albaricoque y queso de cabra con tomillo fresco, o gorgonzola y piña triturada.

Preparación: 10 min

Cocinado: 10-20 min

1	berenjena mediana, con piel, cortada en rodajas gruesas
1	cucharada de aceite de oliva virgen extra
	sal marina y pimienta negra recién molidas
4	tortillas de harina grandes
4	cucharadas de salsa pesto (véase la receta de la página 126)

4	lonchas grandes y finas de jamón de Parma (opcional)
150 g	queso mozzarella fresco en lonchas
90 g	tomates secos escurridos
50 g	rúcula

Sazone las rodajas de berenjena y rocíelas o úntelas con un poco de aceite de oliva. La berenjena necesita un poco de aceite para cocinarse bien en la freidora de aire.

Póngalas en la cesta de la air fryer y cocínelas a 200 °C hasta que estén tiernas, unos 6 minutos. A menos que tenga una rejilla para asar, es posible que tenga que cocinar la berenjena en dos tandas.

Mientras tanto, envuelva las tortillas en dos capas de papel de cocina un poco húmedas y cocínelas en el microondas a máxima potencia durante 45 segundos. También puede ablandarlas una a una en una sartén sin engrasar a fuego medio. Coloque las tortillas en una superficie de trabajo limpia. Unte cada una con una cucharada de pesto. Cúbralas con jamón de Parma, si lo utiliza, berenjena, mozzarella, tomates secos y rúcula. Sazone con pimienta. Enrolle firmemente para cubrir el relleno, ponga los wraps en la freidora y cocínelos a 190 °C hasta que el queso se derrita y la parte exterior esté crujiente y ligeramente dorada, de 3 a 5 minutos. Sírvalos calientes.

4 RACIONES

calorías: 650

grasas: 28 g

grasas saturadas: 11 g

azúcar: 9,7 g

sal: 23 g

Buñuelos italianos de pan

Preparación: 30 min +
1 h de reposo

Cocinado: 20-25 min

Esta receta es una adaptación de los buñuelos de pan fritos que se hacen en muchas partes del centro de Italia, donde tradicionalmente se sirven como aperitivo con una fuente de embutidos y quesos frescos. Si se desea, estos buñuelos también pueden untarse con mermeladas de frutas o crema de chocolate y servirse como postre.

250 g harina de fuerza
½ cucharadita de sal marina en escamas
4 g levadura instantánea o 15 g de levadura fresca
120 ml agua tibia

½ cucharadita de azúcar
45 g mantequilla sin sal
120 ml leche templada
aceite de oliva virgen extra

RACIONES

Tamice la harina, la sal y la levadura instantánea en un bol (si utiliza levadura fresca, disuélvala en el agua templada y déjela reposar durante 2-3 minutos). Haga un hueco en el centro de la mezcla de harina y rellénelo con el agua y la leche.
Mezcle bien y pásela a una superficie de trabajo ligeramente enharinada.
Amase hasta que la masa esté suave y lisa (5-10 minutos).
Engrase un cuenco grande y ponga la masa en él. Déjela reposar tapada, en un lugar cálido y sin corrientes de aire, hasta que duplique su volumen, aproximadamente 1 hora.
Estire la masa hasta que tenga un grosor de 6-8 mm. Córtela en forma de diamante de unos 7 cm de lado.
Pinte los buñuelos con aceite y rocíe también la cesta de la air fryer.
Coloque una sola capa de buñuelos en el fondo de la cesta y cocine durante 7-9 minutos a 200 °C. Los buñuelos deben hincharse y dorarse. Dé la vuelta a los buñuelos con cuidado a los 5 minutos de cocción.
Cocine los buñuelos en 2-3 tandas dependiendo del tamaño de su freidora de aire. Sírvalos calientes con jamón de Parma, cabecero de lomo, mortadela, parmesano y quesos blandos como la ricotta y el gorgonzola dulce.

calorías: 360
grasas: 15 g
grasas saturadas: 7,5 g
azúcar: 1,8 g
sal: 0,8 g

Panzerotti rellenos de tomate y mozzarella

Los panzerotti son como pequeños calzoni (pizzas plegadas) fritos. Proceden de las regiones meridionales italianas de Apulia y Campania. Nuestra versión para air fryer es mucho más ligera que la receta tradicional, pero igual de sabrosa. Si no tiene tiempo de preparar la masa, compre masa de pizza ya hecha. Nuestra receta es para ocho panzerotti; un tentempié sustancioso para cuatro o un aperitivo para ocho.

*Preparación: 30 min +
1 h de reposo*

Cocinado: 20-24 min

Para los panzerotti
300 g harina de fuerza
½ cucharadita de sal marina en escamas
8 g levadura instantánea o 30 g de levadura fresca
180 ml agua tibia
1 cucharada de aceite de oliva virgen extra y algo más para rociar o pincelar

Para el relleno
400 g salsa de tomate
150 g queso mozzarella, cortado en cubos o rallado

Tamice la harina, la sal y la levadura instantánea en un bol (si utiliza levadura fresca, disuélvala en el agua templada y déjela reposar durante 2-3 minutos). Haga un hueco en el centro de la mezcla de harina y rellénelo con el agua y el aceite. Mézclelo bien con una cuchara de madera.

Espolvoree una superficie de trabajo limpia con un poco de harina. Amase la masa de 10 a 15 minutos levantando, estirando y doblando para incorporar aire y desarrollar el gluten, hasta que esté suave y elástica.

Engrase un bol grande y ponga la masa en él. Colóquela tapada en un lugar cálido y sin corrientes de aire y déjela fermentar hasta que duplique su volumen (más o menos 1 hora).

Pase la masa fermentada a una superficie de trabajo ligeramente enharinada y amásela durante 1 minuto. Forme un rollo largo y fino y divídalo en ocho porciones. Forme con cada porción un pequeño disco de unos 10 cm de diámetro.

Ponga 1-2 cucharadas del relleno de tomate en el centro de cada porción y cubra con mozzarella. Humedezca con agua los bordes de la masa. Dóblela y séllela presionando con la punta de los dedos o con un tenedor.

Rocíe o pinte la cesta y los panzerotti con un poco de aceite y cocínelos a 200 °C, sin que se monten unos encima de otros, hasta que estén inflados y dorados, de 10 a 12 minutos.

Sírvalos calientes.

8 RACIONES

calorías: 202

grasas: 6,3 g

grasas saturadas: 2,9 g

azúcar: 2,9 g

sal: 0,86 g

Tostas de gambas

Preparación: 15 min

Cocinado: 12-16 min

Esta receta es una versión libre de dim sum procede de la provincia de Shangdong, en el norte de China. Tradicionalmente se fríe, pero resulta igual de sabrosa cuando se hace en una freidora de aire, y es mucho más saludable.

250 g	gambas o langostinos pelados y desvenados
1	cucharada de harina de maíz
3	cebolletas finamente picadas
2	cucharadas de cilantro picado grueso
1	huevo de corral pequeño
1	cucharadita de jengibre fresco rallado
½	cucharadita de sal marina en escamas
	pimienta negra recién molida
4	rebanadas grandes de pan de molde
	rúcula u otras verduras de ensalada, para adornar
	salsa de chile dulce

RACIONES

Mezcle las gambas, la harina de maíz, las cebolletas, el cilantro, el huevo, el jengibre, la sal y la pimienta en el bol de un robot de cocina y bata hasta obtener una mezcla casi homogénea pero con un poco de textura.

Quite la corteza del pan y, a continuación, corte cada rebanada en diagonal en dos triángulos. Cubra con la mezcla de gambas, extendiéndola hasta los bordes para que el pan no se curve durante la cocción.

Rocíe o unte la cesta con un poco de aceite para evitar que las tostadas se peguen. Coloque las tostadas que quepan separadas, con el lado de las gambas hacia arriba. Cocine a 190 ºC durante 6-8 minutos, hasta que estén crujientes y doradas. Compruebe las tostadas a los 3 minutos de cocción para asegurarse de que no se queman. Repita la operación con el resto de las tostadas.

Servir calientes con la salsa de chile dulce.

calorías: 150

grasas: 2,1 g

grasas saturadas: 0,4 g

azúcar: 1,6 g

sal: 1,8 g

Pan de queso brasileño

Preparación: 15 min +
30 min de reposo

Cocinado: 20-35 min

Pao de queijo, en portugués, o pan de queso, es el aperitivo favorito en Brasil. Se sirve caliente con una bebida antes de la comida o junto a una sopa o ensalada. Esta receta es para 24 panecillos. Si son demasiados, puede congelar las bolas de masa hasta un mes. Para congelarlas, colóquelas en una bandeja de horno y métalas en el congelador durante 2 horas. Páselas después a una bolsa de congelación, etiquételas y póngales fecha para dejarlas en el congelador.

250 ml leche	120 g queso parmesano rallado grueso
120 ml aceite vegetal	60 g un queso cheddar rallado grueso
½ cucharadita de sal marina en escamas	
375 g harina de tapioca	
3 huevos de corral	

RACIONES

Ponga la leche, el aceite y la sal en una cacerola mediana a fuego medio y llévelo a ebullición. Añada poco a poco la harina de tapioca, removiendo hasta que se forme una masa que empiece a despegarse de las paredes de la cazuela. Traslade la mezcla al bol de una batidora de pie con accesorio para amasar. Añada los huevos a la masa de uno en uno, batiendo bien y asegurándose de integrarlos completamente antes de añadir el siguiente. Si no dispone de batidora-amasadora también se puede hacer a mano y ejercitar los músculos. La masa deberá estar blanda y pegajosa. Añadir los quesos y mezclar bien. Cubrir y refrigerar durante 30 minutos.

Con las manos mojadas para evitar que se pegue, tome porciones de la mezcla y haga 24 bolas. Forre el fondo de la cesta con una hoja de papel de horno perforado para freidora de aire, o haga el suyo propio cortando a la medida una hoja de papel de horno o papel de aluminio y haciendo unos 10-12 agujeros en ella. Coloque las bolas de masa en la cesta de la freidora, espaciándolas bien. Dependiendo del tamaño de su freidora de aire, tendrá que cocinar el pan de queso en 2-3 tandas. Hornéelas a 160 °C durante 10-12 minutos hasta que se hinchen y se doren. Sírvalas calientes.

calorías: 147

grasas: 8,7 g

grasas saturadas: 2,9 g

azúcar: 0,6 g

sal: 0.3 g

Focaccia de cebolla

El tiempo de cocción varía en función de cuánto haya subido la masa. Una capa gruesa de masa tarda más. Eche un vistazo a la freidora en torno a los 12 minutos. La masa estará hecha cuando la veamos firme y dorada. Nuestra focaccia lleva una cobertura de cebolla y salvia, pero también se puede servir sola, con un chorrito de aceite de oliva y una pizca de sal al salir del horno.

Preparación: 25 min + 1-12 h de reposo

Cocinado: 15-20 min

Para la masa de la focaccia

200 g	harina de fuerza
½	cucharadita de sal marina en escamas
4 g	levadura instantánea o 15 g de levadura fresca
150 ml	agua templada
1	cucharada de aceite de oliva virgen extra

Para la cobertura

1	cebolla blanca grande, cortada en rodajas finas
½	cucharada de hojas de salvia fresca finamente picadas
¼	cucharadita de sal marina en escamas
½	cucharada de aceite de oliva virgen extra, para rociar

Mezcle la harina y la sal en el bol de una batidora de pie equipada con un accesorio amasador. Si utiliza levadura instantánea, espolvoréela en el bol y mezcle a velocidad baja. Si utiliza levadura fresca, mézclela antes con un poco de agua tibia en un bol pequeño. Añada el agua, la mezcla de levadura (si utiliza levadura fresca) y el aceite y mezcle a velocidad baja hasta que la masa empiece a despegarse de las paredes del bol, entre 3 y 4 minutos. Deje reposar durante 15 minutos. Después, mezcle de 3 a 5 minutos más, ahora a una velocidad media-baja, hasta obtener una masa suave y elástica. Si no dispone de batidora-amasadora, mezcle los ingredientes a mano, removiéndolos en un bol grande con una cuchara de madera.

Coloque la masa sobre una superficie de trabajo enharinada y amásela con las manos durante 5-10 minutos. Forme una bola con la masa. Engrase ligeramente un cuenco grande con aceite. Coloque la masa en el bol, cúbrala con un paño limpio y déjela fermentar en un lugar cálido y sin corrientes de aire hasta que duplique su tamaño, aproximadamente 1 hora. Si lo prefiere, cúbrala con film transparente y métala en el frigorífico durante toda la noche.

Extienda las cebollas en una bandeja de horno, espolvoréelas con la sal y déjelas reposar durante 1 hora. Rocíe o unte con aceite la cesta de la freidora o una bandeja que encaje en la freidora.

Ponga la masa en la bandeja presionando suavemente para formar una capa uniforme. Cubra con las cebollas y las hojas de salvia. Rocíe con el aceite. Hornee a 165 °C durante 15-20 minutos, hasta que se dore y suba bien. Servir caliente o a temperatura ambiente.

4 RACIONES

calorías: 238

grasas: 6 g

grasas saturadas: 0,9 g

azúcar: 2,8 g

sal: 1,2 g

Focaccia siciliana

*Preparación: 30 min +
1 a 12 h de reposo*

Cocinado: 50-60 min

Esta suculenta focaccia es una especialidad de Palermo, la capital regional de Sicilia. Según la tradición, fue inventada por las monjas del convento de San Vito.

Para la focaccia

1	receta de masa para focaccia (véase la página 33)
50 g	queso pecorino recién rallado
1	cucharada de zumo de limón fresco

Para la cobertura

2	cucharadas de aceite de oliva virgen extra
1	cebolla finamente picada
250 g	passata de tomate (salsa de tomate muy concentrada)
	sal marina recién molida y pimienta negra
2	cucharadas de perejil finamente picado
6	filetes de anchoa
60 g	queso pecorino recién rallado
40 g	pan rallado fino y seco

RACIONES

Prepare la masa de la focaccia. Incorpore poco a poco el queso pecorino y el zumo de limón mientras se amasa.

Forme una bola, engrase un bol grande y coloque la masa dentro, cúbrala con un paño limpio y póngala a fermentar en un lugar cálido y sin corrientes de aire hasta que duplique su tamaño, aproximadamente 1 hora. Si lo prefiere, cúbrala con film transparente y métala en el frigorífico durante toda la noche.

Para la cobertura, ponga una cucharada de aceite en una cacerola pequeña a fuego medio. Añada la cebolla y rehogue hasta que se ablande, 3-4 minutos. Añada la passata de tomate y sazone con sal y pimienta. Tape y deje cocer a fuego lento durante unos minutos. Añada el perejil, tres filetes de anchoa y la mitad del queso. Cocer a fuego lento durante 10 minutos y retirar del fuego.

Rocíe o pinte con aceite de oliva la cestilla o una bandeja baja que encaje en la freidora.

Pase la masa a la bandeja, presionando suavemente para formar una capa uniforme. Use las yemas de los dedos para hacer hoyuelos en la superficie de la masa.

Hornee durante 5 minutos a 165 °C. Unte con la mitad de la salsa. Hornear durante 5 minutos más hasta que la base esté casi cocida.

Caliente la cucharada de aceite restante en una sartén pequeña a fuego medio.

Añadir el pan rallado y saltear hasta que esté crujiente y dorado, 4-5 minutos. Extienda la salsa restante sobre la base. Cubra con las anchoas restantes, el pan rallado y el queso. Hornee hasta que la parte superior esté ligeramente dorada, 2-3 minutos. Servir caliente.

calorías: 100

grasas: 2 g

grasas saturadas: 0,7 g

azúcar: 12 g

sal: 1 g

Aros de cebolla picantes

Sumerja las cebollas en suero de leche antes de cocinarlas para ablandarlas y que queden más tiernas dentro de la crujiente cobertura. Recuerde que puede preparar su propio suero de leche en casa mezclando 5 cucharaditas de vinagre de vino blanco o zumo de limón recién exprimido en 250 ml de leche entera. Déjelo reposar de 10 a 15 minutos antes de utilizarlo.

Preparación: 15 min + 15 min de remojado

Cocinado: 8-10 min

2	cebollas blancas o amarillas medianas, cortadas en aros de 5 mm de grosor
375 ml	suero de leche
300 g	harina para todo uso
1	cucharadita de sal marina en escamas
1	cucharadita de pimienta negra recién molida

2	cucharaditas de chile picante en polvo
1	cucharadita de ajo en polvo
1	cucharadita de comino molido
	aceite de oliva virgen extra, para rociar o pincelar
	kétchup natural o picante, u otra salsa de su elección, para servir

Ponga las cebollas en un bol grande y cúbralas con el suero de leche. Déjelas en remojo durante 15 minutos.

Mezcle la harina, la sal, la pimienta negra, el chile en polvo, el ajo en polvo y el comino en un bol grande. Divida esta mezcla y coloque la mitad en una bolsa de plástico grande y la otra mitad en un plato.

Saque las cebollas del suero de leche y escúrralas bien. Reserve el suero de leche en el bol. Ponga las cebollas en la bolsa de plástico con la mezcla de harina y agítela hasta que estén bien cubiertas. Tome las cebollas rebozadas y sumérjalas de nuevo en el suero de leche y luego rebócelas en la mezcla de harina del plato.

Rocíe o pinte la cesta de la freidora de aire con aceite. Rocíe o unte ligeramente los aros de cebolla con aceite y colóquelos en la cesta.

Cocínelos a 190 °C durante 4-5 minutos, hasta que estén crujientes y dorados, dándoles la vuelta una vez a medio cocinado. Utilice unas pinzas para dar la vuelta a los aros de cebolla; no sacuda la cesta o les quitará la cubierta crujiente y picante. Manténgalos calientes mientras se cocina el resto de los aros de cebolla.

Sírvalos calientes, con el kétchup o la salsa que prefiera.

4 RACIONES

calorías: 328

grasas: 5,3 g

grasas saturadas: 1,2 g

azúcar: 7,5 g

sal: 1,5 g

Champiñones rellenos de espinacas y queso azul

Preparación: 15 min

Cocinado: 25-35 min

Las setas son una buena fuente de varias vitaminas del grupo B, como la riboflavina, la niacina y el ácido pantoténico, así como de vitamina D. También contienen betaglucanos y antioxidantes que, según se cree, refuerzan el sistema inmunitario y ayudan a prevenir alergias y muchos tipos de cáncer.

5	champiñones Portobello grandes (solo los sombreros)	60 ml	jerez seco
1	cucharada de aceite de oliva virgen extra	60 g	queso azul desmenuzado
	sal marina y pimienta negra recién molidas	60 g	nueces en trozos gruesos
		75 g	pan rallado fino y seco
150 g	hojas de espinacas tiernas	30 g	queso parmesano recién rallado
1	cebolla pequeña finamente picada		
1	diente de ajo picado		

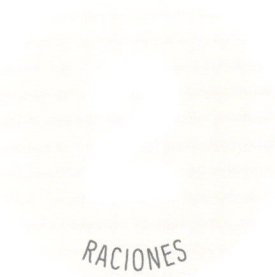

RACIONES

Rocíe o unte el fondo de la cesta de la freidora con un poco de aceite. Coloque cuatro de los champiñones boca abajo, salpiméntelos y áselos durante 7-8 minutos a 200 °C. Pasado ese tiempo saque la cesta de la freidora pero deje los champiñones dentro.

Pique finamente el sombrerillo restante y resérvelo.

Mientras se asan los champiñones, ponga las espinacas en un colador y cuézalas en una olla llena de agua hirviendo ligeramente salada hasta que estén blandas. Escúrralas bien.

Deje que las espinacas se enfríen un poco y páselas a un paño de cocina limpio para escurrir el exceso de humedad. Píquelas con un cuchillo grande.

Caliente media cucharada de aceite en una sartén grande a fuego medio. Añada la cebolla y saltéela hasta que se ablande, 3-4 minutos. Añada el champiñón picado y el ajo y cocine a fuego lento durante 3-4 minutos más. Incorpore el jerez y cocine hasta que se evapore, 2-3 minutos. Añada las espinacas, el queso azul y las nueces y remueva hasta que estén bien mezclados.

Retire del fuego y rellene los champiñones parcialmente cocidos con la mezcla de las espinacas. Espolvoree con el pan rallado y el parmesano. Vuelva a poner la freidora de aire a 200 °C.

Coloque los champiñones en la cesta y áselos durante 10 minutos hasta que estén tiernos y cocidos y la cobertura esté dorada. Servir calientes.

calorías: 555

grasas: 34 g

grasas saturadas: 9,8 g

azúcar: 11 g

sal: 1,6 g

Bolas de patata con chorizo y queso

Las llamadas *potato gems* en USA o *tater tots* en el Reino Unido, son un tentempié más que sabroso. Normalmente se fríen, pero esta versión para air fryer es mucho más saludable.

Preparación: 30 min + 1 h de reposo

Cocinado: 35-50 min

600 g	patatas, peladas y cortadas en trozos grandes
60 g	mantequilla salada ablandada
4	huevos de corral
2	chorizos curados cortados en dados finos
2	cucharadas de aceite de oliva virgen extra
200 g	queso pecorino o parmesano recién rallado

200 g	harina para todo uso
250 ml	leche
225 g	pan rallado panko
75 g	pan rallado seco fino
	escamas de sal marina
	pimienta negra recién molida

Cueza las patatas en una cacerola mediana con agua hirviendo ligeramente salada hasta que estén tiernas. Escúrralas, tritúrelas y ponga el puré de nuevo en la cacerola. Añada la mantequilla y un huevo y remueva con una cuchara de madera hasta que estén bien mezclados. Dejar enfriar.

Mientras se cuecen las patatas, caliente una sartén a fuego medio y saltee el chorizo en 1 cucharada de aceite hasta que esté crujiente. Retírelo del fuego y páselo a una fuente forrada con papel de cocina.

Ponga 2 cucharadas de puré de patata frío en la mano y aplástelo. Coloque 1 cucharadita de chorizo y 1 cucharadita de queso en el centro y cierre la patata alrededor dándole forma de bola. Repita esta operación hasta utilizar toda la patata, chorizo y queso.

Ponga la harina en un cuenco poco profundo. Bata los huevos y la leche en otro bol y mezcle el panko y el pan rallado en un tercer bol. Pase las bolas de patata primero por la harina, sacudiendo el exceso, sumérjalas después en la mezcla de huevo y, por último, páselas por el pan rallado, cubriéndolas bien. Colóquelas en una sola capa en un plato grande y refrigérelas en el frigorífico durante 1 hora hasta que el pan rallado esté firme.

Rocíe o pinte el fondo de la cesta con un poco de aceite. Rocíe también las bolas de patata con aceite.

Ponga las bolas de patata en la cesta (tendrá que cocinarlas en 2-3 tandas) y cocínelas a 180 °C hasta que se doren, 10-12 minutos por tanda. Deles la vuelta con cuidado con unas pinzas a mitad de la cocción. Sírvalas calientes.

6

RACIONES

calorías: 622

grasas: 30 g

grasas saturadas: 14 g

azúcar: 2,9 g

sal: 2,4 g

Rollitos de primavera vietnamitas

*Preparación: 15 min +
15 min de remojo*

Cocinado: 18-21 min

Los rollitos de primavera se preparan de maravilla con la air fryer. Hay muchas posibilidades en cuanto a los ingredientes de relleno, así que no dude en adaptar nuestra receta a sus gustos personales. También hay muchos tipos de masas para envolver los rollitos de primavera. Puede que tenga que sumergirlas unos minutos en agua fría para ablandarlas antes de rellenarlos y enrollarlos. Siga las instrucciones del envase.

120 g	fideos de arroz		2	cucharadas de vino blanco
350 g	pollo desmenuzado			sal marina y pimienta negra recién molidas
150 g	gambas o langostinos troceados		18	láminas para rollitos de primavera
1	huevo de corral			aceite vegetal para untar
1	cebolleta cortada fina			salsa de chile dulce
1	cebolla pequeña cortada fina			
2	dientes de ajo picados			
1	zanahoria pequeña rallada fina			
¼	taza de col rallada fina			
½	taza de brotes de soja			
3	cucharadas de cilantro fresco picado			

6 RACIONES

Remojar los fideos en un cuenco con agua fría durante 15 minutos, o durante el tiempo indicado en el envase. Escurrirlos bien y picarlos con un cuchillo. Mezcle los fideos, el pollo, las gambas, el huevo, la cebolleta, la cebolla, el ajo, la zanahoria, la col, los brotes de soja, el cilantro y el vino en un bol. Sazone con sal y pimienta y mezcle bien.

Coloque una lámina de rollito de primavera sobre un paño limpio y húmedo y ponga 1-2 cucharadas de relleno en forma de salchicha en un extremo del envoltorio. Doble los lados hacia dentro y siga enrollando empezando por el extremo en el que está el relleno. Séllelo humedeciendo el borde con agua. Repita la operación con todas las láminas y rellenos.

Rocíe o unte la cesta con aceite. Coloque los rollitos de primavera en una sola capa, sin que monten unos sobre otros. Rocíelos o úntelos bien con aceite. Dependiendo del tamaño de su freidora de aire, tendrá que cocinarlos en 2-3 tandas.

Cocínelos a 190 °C hasta que estén dorados, entre 6 y 7 minutos en cada tanda. Dé la vuelta a los rollitos de primavera a los 4-5 minutos para que se doren por todos los lados.

Sírvalos calientes con salsa de chile dulce para mojar.

calorías: 170

grasas: 3 g

grasas saturadas: 0,5 g

azúcar: 2,1 g

sal: 0,5 g

Gambas fritas picantes con mayonesa de cilantro

Preparación: 15 min

Cocinado: 16-20 min

Para esta receta es aconsejable utilizar gambas bastante grandes. Si utiliza gambas congeladas, debe dejar que se descongelen por completo antes de empezar.

Para la mayonesa de cilantro

120 ml mayonesa

¼   taza de cilantro fresco picado grueso

1   cucharada de zumo de lima fresco

Para las gambas picantes

150 g   pan rallado fino y seco

½   cucharadita de chile picante en polvo

2   cucharaditas de semillas de comino, ligeramente machacadas

1   cucharadita de guindilla machacada

     la piel de 1 lima rallada (utilizaremos los gajos para servir)

     sal marina y pimienta negra recién molidas

12   gambas grandes peladas (les dejamos la cola sin pelar)

75 g   harina, bien sazonada con sal y pimienta

1   huevo de corral

     aceite de oliva

RACIONES

Mezcle la mayonesa con el cilantro y el zumo de lima en un bol. Tápelo con un film y guarde en la nevera hasta el momento de servir.

Por otro lado, mezcle el pan rallado, el chile en polvo, el comino, el pimiento rojo y la ralladura de lima en un bol. Sazone con sal y pimienta.

Reboce las gambas primero con la harina sazonada, luego con el huevo batido y, por último, con el pan rallado.

Rocíe o unte la cesta con aceite. Rocíe también las gambas con aceite y colóquelas en la cesta

Cocínelas a 190 °C en dos tandas hasta que las gambas se pongan rosadas y el empanado esté crujiente y dorado, de 8 a 10 minutos en cada tanda. Dé la vuelta a las gambas con cuidado utilizando unas pinzas a mitad del tiempo de cocción.

Sírvalas calientes con la mayonesa y los gajos de lima.

calorías: 500

grasas: 25 g

grasas saturadas: 2,5 g

azúcar: 3 g

sal: 2,4 g

Vieiras con salsa casera de chile dulce

Preparación: 15 min

Cocinado: 18-25 min

Nuestra receta de salsa de chile dulce da para unos 500 ml, que es mucho más de lo que necesitará para servir estas vieiras. Sin embargo, se conserva bien en el frigorífico. Guárdela en tarros pequeños y le durará hasta tres meses. Una vez abiertos los tarros, guárdelos en el frigorífico y utilícela antes de 5 días.

Para la salsa de chile dulce

250 g	chiles rojos largos frescos sin semillas
2	dientes de ajo, picados gruesos
400 g	azúcar
375 ml	vinagre de vino blanco

Para las vieiras

1	trozo pequeño (unos 2,5 cm) de jengibre fresco pelado
	un manojo pequeño de cilantro fresco
2	dientes de ajo pelados
2	cucharadas de aceite de oliva virgen extra
	aceite de oliva virgen extra para rociar o pincelar
20	vieiras medianas (solo la carne)

RACIONES

Ponga los chiles cortados en trozos grandes y los ajos en un vaso de batidora y bátalos hasta que queden bien picados.

En un cazo ponga a calentar a fuego suave el azúcar y el vinagre removiendo de vez en cuando, hasta que se disuelva el azúcar. Añada entonces la mezcla de chile y ajo, suba el fuego y deje cocer a fuego lento hasta que se forme un almíbar, entre 15 y 20 minutos.

Déjelo enfriar un poco antes de servir.

Mientras tanto machaque el jengibre, el cilantro y el ajo en un mortero hasta hacer una pasta.

Añada las 2 cucharadas de aceite y mezcle bien. Viértalo sobre las vieiras y remueva suavemente hasta que queden bien cubiertas. Ensarte cada vieira en una brocheta corta de madera y colóquelas en la cesta de la freidora de aire previamente rociada o pintada con aceite. Cocínelas a 200 °C hasta que estén caramelizadas por ambos lados, de 3 a 5 minutos. Deles la vuelta a la mitad del tiempo de cocción. Las vieiras estarán opacas cuando estén hechas; no deje que se sequen. Cocine las vieiras restantes de la misma manera.

Sírvalas calientes, con la salsa de chile dulce.

calorías: 228

grasas: 6,6 g

grasas saturadas: 1,1 g

azúcar: 14 g

sal: 0,5 g

Brochetas de pollo glaseadas con miel

Esta es una receta para 16 brochetas pequeñas. Deberá cocinarlas en dos tandas. Pueden servir como aperitivo para ocho personas o como plato principal para cuatro.

*Preparación: 15 min +
2 h de marinado*

Cocinado: 20-28 min

Para las brochetas de pollo

1	guindilla roja fresca, sin semillas y finamente picada
3	cebolletas o ajetes, solo la parte blanca, en rodajas finas
2	dientes de ajo finamente picados
2	cucharaditas de jengibre fresco finamente rallado
90 ml	miel líquida
	zumo recién exprimido de 1,5 limones
120 ml	salsa de soja ligera
500 g	pechuga de pollo cortada en cubos de 1,5 cm de lado
1	cucharada de semillas de sésamo blanco tostadas
	la piel de 1 limón rallada o cortada en tiras finas, para servir

Salsa

120 ml	salsa de soja
4	chiles rojos largos cortados en rodajas finas
2	cucharaditas de aceite de sésamo
4	cebolletas o ajetes cortados en rodajas finas
2	cucharadas de vinagre de vino de arroz

4 RACIONES

Mezcle los chiles, las cebolletas, el ajo, el jengibre, la miel, el zumo de limón y la soja en un bol.

Ensarte el pollo en pequeñas brochetas de metal o de madera remojada, unos cinco trozos en cada brocheta. Colóquelas en una fuente de cristal o cerámica y vierta la marinada por encima. Cúbralo y déjelo reposar durante al menos 2 horas. Pasado ese tiempo, coloque las brochetas en la cesta de la freidora previamente aceitada y cocínelas durante 5 minutos a 180 °C. Sáquelas, mójelas de nuevo con la marinada, vuelva a colocarlas en la freidora y cocínelas hasta que estén tiernas y hechas, otros 5-7 minutos más.

Para la salsa, mezcle la salsa de soja, los chiles, el aceite de sésamo, las cebolletas y el vinagre de arroz en un bol pequeño y déjelo reposar.

Espolvoree las brochetas con semillas de sésamo y ralladura de limón y sírvalas calientes junto con la salsa.

calorías: 263

grasas: 3,9 g

grasas saturadas: 0,8 g

azúcar: 24 g

sal: 6,4 g

Minirrollitos de pollo y tomate seco

Preparación: 15 min

Cocinado: 11-13 min

Esta es una versión mucho más sana de los rollos de salchicha tradicionales. Si no los va a servir inmediatamente después de hornearlos, vuelva a calentarlos de 1 a 2 minutos en la freidora de aire; están mucho mejor calientes. Si hace demasiados, le recomendamos que los congele una vez preparados, pero antes de cocinarlos. Colóquelos en una bandeja para hornear en el congelador durante 2 horas. Páselos a una bolsa de congelación. Etiquételos, póngales fecha y consúmalos antes de un mes.

250 g	pechugas de pollo deshuesadas y sin piel
1	diente de ajo pelado
60 g	lonchas de tocino sin corteza, picadas
2	tomates secos en aceite, escurridos y picados
3	cucharadas de cilantro fresco picado
	media cucharadita de comino molido

	sal marina y pimienta negra recién molidas
1	lámina de hojaldre de 250 g
1	yema de huevo de corral batida
1-2	cucharadas de semillas de sésamo

RACIONES

Pique el pollo y el ajo en una picadora hasta que quede bien fino.

Añada el beicon, los tomates secos, el cilantro y el comino. Sazone con sal y pimienta y vuelva a picar hasta que esté bien mezclado.

Desenrolle la lámina de hojaldre sobre una superficie de trabajo ligeramente enharinada y córtela en tres tiras iguales a lo largo.

Con un cuchillo afilado, corte cada tira en 8 trozos cortos.

Extienda un tercio de la mezcla de pollo por el centro de cada trozo de hojaldre y, a continuación, enróllelo, pellizcando los extremos para sellarlos.

Rocíe o unte la cesta con aceite. Añada los rollitos, espaciándolos uniformemente (dependiendo del tamaño de su freidora de aire, puede que tenga que hornearlos en dos tandas). Pincelar la parte superior de los rollitos con la yema de huevo y espolvorear con semillas de sésamo.

Hornéelos durante 11-13 minutos a 180 °C, hasta que se doren. Sírvalos calientes.

calorías: 313

grasas: 20 g

grasas saturadas: 5,1 g

azúcar: 0,9 g

sal: 0,65 g

Albóndigas de cerdo

Preparación: 15 min

Cocinado: 10-20 min

Cocinar las albóndigas en una freidora de aire resulta de lo más sencillo. Basta con vaciar el exceso de aceite del fondo de la cesta cuando las albóndigas estén cocinadas. También reduce el tiempo de cocción, ya que el aire caliente circula sobre todas las albóndigas y están listas en 10-12 minutos.

500 g	carne de cerdo picada
2	cucharadas de salsa de soja
1	cucharada de salsa de ostras
4	dientes de ajo picados
2	cucharaditas de jengibre picado
1	cucharadita de comino molido
½	cucharadita de cúrcuma molida
½	manojo de cilantro fresco finamente picado
1	cebolleta o ajete tierno finamente picados
1	cucharadita de sal marina en escamas
1	cucharadita de pimienta negra recién molida
	aceite de cacahuete, para rociar
	salsa de chile dulce comprada o casera (véase la página 46)

RACIONES

En un bol grande mezcle con las manos la carne de cerdo con la salsa de soja, la salsa de ostras, el ajo, el jengibre, el comino, la cúrcuma, el cilantro, la cebolleta, la sal y la pimienta. Forme dieciséis bolitas del mismo tamaño. Ponga las albóndigas en la cesta de la freidora de aire en una sola capa sin llenarla demasiado. Si es necesario, cocínelas en dos tandas.
Cocínelas a 180 °C durante 10-12 minutos. Agite suavemente la cesta para dar la vuelta a las albóndigas a los 8 minutos de cocción. La carne de cerdo siempre debe estar bien hecha, sin que se vea el color rosado; puede abrir un poco una albóndiga para asegurarse de que están listas. Sirva las albóndigas calientes, con palillos para ensartarlas y cuencos de salsa de chile dulce para mojar.

calorías: 194

grasas: 8,7 g

grasas saturadas: 2,5 g

azúcar: 1,3 g

sal: 1,5 g

Verduras

El intenso calor del horno de convección de la freidora de aire cocina las verduras rápidamente, ahorrando tiempo en muchos procesos, desde asar berenjenas y pimientos hasta hornear patatas crujientes y patatas fritas.

Aquí encontrará una serie de recetas vegetarianas, desde ensaladas templadas a base de verduras asadas, hasta guarniciones de preparación rápida, buñuelos saludables, brochetas y hamburguesas. También hemos incluido una deliciosa versión de ese viejo clásico italiano: berenjenas a la parmesana (véase la página 77).

Ensalada de patatas asadas con beicon y queso azul (véase la receta de la página 61)

Ensalada de pimientos asados y mozzarella

*Preparación: 15 min +
75 min de reposo
y marinado*

Cocinado: 25-27 min

Elija pimientos frescos con una capa gruesa de carne debajo de la piel. Si lo desea, tueste ½ taza de piñones en la freidora de aire a 180 °C durante 3-4 minutos y échelos por encima de la ensalada justo antes de servir.

Para el aliño

½	cucharada de vinagre de vino tinto
2	cucharadas de aceite de oliva virgen extra
1	cucharadita de miel líquida
¼	cucharadita de pimentón dulce
	sal marina en escamas
	pimienta negra recién molida
¼	taza de orégano fresco

Para la ensalada

3	pimientos amarillos pequeños
3	pimientos rojos pequeños
1	cucharada de aceite de oliva virgen extra
2	cebolletas o ajetes cortados en rodajas finas
15	aceitunas verdes, sin hueso y picadas
120 g	queso mozzarella fresco
100 g	hojas de achicoria roja y verde cortadas a mano
½	taza de hojas de albahaca fresca
	sal marina en escamas
	pimienta negra recién molida
	pan integral recién tostado, para servir

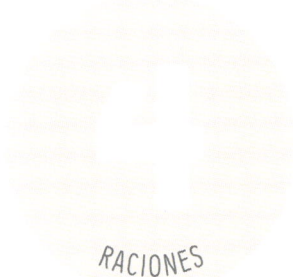

RACIONES

Bata en un bol el vinagre de vino tinto con el aceite, la miel y el pimentón. Sazone al gusto con sal y pimienta. Añada el orégano y reserve.

Lave los pimientos y córteles la parte superior. Con un cuchillo, quíteles las hebras, el corazón y las semillas. Coloque los pimientos en el cestillo para que queden bien ajustados.

Cocine a 200 °C durante 25-27 minutos, hasta que la piel se arrugue y empiece a ennegrecerse. Dé la vuelta a los pimientos a mitad del tiempo de cocción.

Sáquelos de la freidora y colóquelos en una fuente. Cúbralos con papel de aluminio y déjelos cocer al vapor durante 15 minutos.

Pele los pimientos, corte la carne en tiras y colóquelas en un bol. Vierta el aliño y déjelo marinar durante una hora.

Añada las cebolletas y las aceitunas a los pimientos y mézclelos bien. Coloque la mezcla de pimientos en una fuente, añada la mozzarella en trozos, la achicoria y las hojas de albahaca y rocíe con el aliño del bol.

Sírvalo con tostadas de pan integral recién hechas.

calorías: 150

grasas: 12 g

grasas saturadas: 3,8 g

azúcar: 4,9 g

sal: 0,47 g

Ensalada templada de hinojo, naranja y dátiles

Tanto el hinojo como las naranjas son de temporada en invierno, así que este es un plato estupendo para preparar durante los meses más fríos, cuando muchas otras frutas y verduras escasean o no son de proximidad.

Preparación: 15 min

Cocinado 8-10 min

2	bulbos de hinojo
2	naranjas
60 ml	aceite de oliva virgen extra
2	cucharadas de vinagre de vino blanco
½	cucharadita de canela molida
¼	cucharadita de nuez moscada molida
	sal marina y pimienta negra recién molidas

	un puñado grande de perejil fresco picado grueso
90 g	dátiles deshuesados y picados gruesos
40 g	almendras fileteadas y ligeramente tostadas

Corte los bulbos de hinojo longitudinalmente en rodajas de 1 cm de grosor. Pele las naranjas quitándoles toda la parte blanca y córtelas en rodajas de 1 cm de grosor y cada rodaja en cuartos. Trabajar sobre un bol para recoger el zumo de naranja que suelten. Mezcle ese zumo de naranja con el aceite, el vinagre, la canela y la nuez moscada en un bol pequeño y salpiméntelo. Rocíe o unte el hinojo con aceite de oliva virgen extra y cocínelo a 180 °C hasta que esté tierno y dorado, de 8 a 10 minutos. Páselo a una tabla de cortar y córtelo en trozos grandes.

Disponga el hinojo, los trozos de naranja, el perejil, los dátiles y las almendras en una fuente. Vierta el aliño por encima, remueva para mezclar y sirva.

4

RACIONES

calorías: 245

grasas: 16 g

grasas saturadas: 1,9 g

azúcar: 21 g

sal: 0,04 g

Ensalada de brócoli y remolacha asada con queso de cabra y nueces

Preparación: 15 min

Cocinado 30 min

Esta ensalada es tan vistosa como deliciosa. La hemos probado con coliflor en lugar de brócoli y queso azul en vez de queso de cabra y está igual de buena. Somos grandes fans del aceite de oliva virgen extra y solemos rociarlo un poco por encima de todo, pero en este plato es especialmente recomendable.

	un brócoli grande cortado en ramilletes pequeños
1-2	cucharadas de aceite de oliva virgen extra y un poco más para rociar
	sal marina y pimienta negra recién molidas
500 g	remolacha fresca, pelada y cortada en gajos de 5 mm de grosor
1	cucharada de vinagre balsámico

70 g	avellanas o almendras
150 g	queso de cabra, desmenuzado
2	cucharadas de eneldo picado

RACIONES

Ponga los ramilletes de brócoli en un bol, rocíelos con la mitad del aceite y sazónelos con sal y pimienta. Mezcle bien.

Ponga el brócoli en la cesta de la freidora y áselo a 190 °C durante 8 minutos, hasta que esté tierno. Remover el brócoli una vez, a los 5 minutos de cocción. Retirar el brócoli y reservar.

Ponga las remolachas en un bol y rocíelas con el aceite restante. Salpimiente y remueva bien.

Póngalas en la cesta de la freidora y áselas a 190 °C durante 15 minutos. Remuévalas una vez hacia la mitad del tiempo de cocción.

Retire las remolachas y resérvelas en un bol rociadas con el vinagre balsámico.

Enjuague la freidora de aire para eliminar la mancha roja de las remolachas. Séquela y añada las nueces. Tuéstelas a 180 °C durante 5 minutos, hasta que estén crujientes y doradas.

Para servir, extender el brócoli en una fuente. Cubrir con las remolachas. Espolvorear con el queso, las nueces y el eneldo. Rociar con un poco más de aceite, si se desea.

Servir caliente o a temperatura ambiente.

calorías: 245

grasas: 16 g

grasas saturadas: 1,9 g

azúcar: 21 g

sal: 0,04 g

Ensalada de patata asada con beicon y queso azul

Se trata de una «ensalada» energética perfecta para los días más fríos. Asegúrese de poner el beicon encima de los champiñones y no al revés. Su grasa caerá sobre los champiñones mientras se cocinan dándoles un maravilloso sabor.

Preparación: 15 min

Cocinado: 25-30 min

500 g	patatas nuevas, cortadas por la mitad o en cuartos, según el tamaño sal marina en escamas	1	cucharada de vinagre de vino tinto
60 ml	aceite de oliva virgen extra	150 g	berros o de ensalada verde variada
2	cebollas rojas, cada una cortada en 6 gajos	120 g	queso azul (roquefort, gorgonzola o azul danés) desmenuzado
4	lonchas de beicon sin corteza y cortadas en trozos grandes		
150 g	champiñones cortados en láminas		
1	cucharada de mostaza integral		

Ponga las patatas en un bol. Sazónelas y rocíelas con 1 cucharada de aceite, mezclándolas bien. Introdúzcalas en la cesta de la freidora y áselas durante 10 minutos a 200 °C.

Coloque las cebollas en un bol. Sazónelas y rocíelas con 1 cucharada de aceite, mezclándolas bien.

Sin sacar las patatas, añada las cebollas a la cesta de la freidora, removiendo suavemente. Áselas durante 8-10 minutos más, hasta que las patatas estén doradas y las cebollas se hayan ablandado y empezado a caramelizar. Sáquelas de la cesta y déjelas enfriar. Añada los champiñones a la cesta de la freidora de aire y ponga el beicon encima.

Cocine a 200 °C hasta que el beicon esté crujiente y las setas tiernas, de 8 a 10 minutos. Dejar enfriar un poco.

Aparte, bata la mostaza, el vinagre y las 2 cucharadas restantes de aceite en un bol hasta que emulsione. Por último, mezcle las patatas, las cebollas, el beicon y las setas en un bol grande con la ensalada verde. Rocíe con el aliño y mezcle bien. Repártala en cuatro platos, disponga el queso azul por encima y sírvala.

4 RACIONES

calorías: 362

grasas: 25 g

grasas saturadas: 8,7 g

azúcar: 5,2 g

sal: 1,6 g

Coliflor asada con pasas de Corinto y piñones

El zumaque o sumac es una especia de Oriente Medio con un sabor ácido a limón. Esta coliflor es un acompañamiento ideal para una gran variedad de platos de carne y pescado. Si se sirve como plato principal, acompáñelo de una ensalada mixta y unas rebanadas de pan integral.

Preparación: 15 min

Cocinado: 8 min

Para la coliflor

1	coliflor pequeña cortada en ramilletes
1	cucharada de aceite de oliva virgen extra
45 g	piñones
¼	cebolla roja pequeña cortada en rodajas finas
2	cucharadas de pasas de Corinto
1	cucharada de perejil fresco finamente picado

Para el aliño

2	cucharadas de aceite de oliva virgen extra
	zumo recién exprimido de 1 limón
1	cucharadita de zumaque molido
½	cucharadita de comino molido
¼	cucharadita de pimienta de cayena
	sal marina y pimienta negra recién molidas

Rocíe los ramilletes de coliflor con la mitad del aceite, sazónelos con sal y pimienta y mézclelos bien.

Póngalos en la cesta de la freidora de aire y áselos durante 8 minutos a 190 °C, hasta que estén tiernos, removiéndolos una vez a los 5 minutos de cocción. Sáquelos y extiéndalos en una fuente grande.

Tueste ahora los piñones a 180 °C hasta que estén dorados, 3-4 minutos.

Espolvoree la coliflor con la cebolla, los piñones y el perejil.

Prepare un aliño batiendo hasta emulsionar el aceite, el zumo de limón, el zumaque, el comino y la pimienta de cayena en un bol pequeño. Sazone con sal y pimienta al gusto.

Rocíe con esta mezcla la coliflor y sírvala caliente.

2 RACIONES

calorías: 153

grasas: 13 g

grasas saturadas: 1,3 g

azúcar: 5,5 g

sal: 0,03 g

Coles de Bruselas picantes

Preparación: 10 min

Cocinado: 14-15 min

¡Estas coles de Bruselas están buenísimas! Y son muy fáciles de hacer. El tiempo de cocción variará en función del tamaño de las coles. Intente que todas tengan el mismo tamaño. Si hay coles medianas o grandes córtelas por la mitad. Hay muchas formas de aliñar los brotes. Si quiere variar nuestra receta, cambie la guindilla por una cucharada de vinagre balsámico en el aliño.

500 g	coles de Bruselas, sin las hojas exteriores duras
	escamas de sal marina recién molida
1-2	cucharadas de aceite de oliva virgen extra
4	dientes de ajo, finamente picados
2	guindillas picadas
2	cucharadas de perejil fresco finamente picado

RACIONES

Ponga las coles de Bruselas limpias en un bol. Sazone al gusto y rocíe con el aceite, mezclando bien para que todas las coles queden ligeramente cubiertas. Coloque las coles de Bruselas en la cesta de la freidora y cocínelas a 180 °C durante unos 8 minutos. Saque entonces la cesta y espolvoree las coles con el ajo, las guindillas y el perejil, agite bien y vuelva a ponerlas en la freidora. Cocínelas 6 o 7 minutos más a la misma temperatura hasta que estén tiernas. Sírvalas calientes.

calorías: 223

grasas: 17 g

grasas saturadas: 2,7 g

azúcar: 6,9 g

sal: 1 g

Espárragos fritos «al aire»

Los espárragos frescos se cocinan muy bien en la freidora. Son rápidos y sencillos de preparar, y resultan un manjar sabroso y saludable. Si puede, elija los espárragos frescos de proximidad que aparecen en los mercados en primavera. Para darle un toque especial, puede rebozar los espárragos primero en harina, luego en huevo y por último en pan rallado.

Preparación: 5 min

Cocinado: 6-7 min

1	manojo (aproximadamente 500 g) de espárragos tiernos y frescos
2	cucharaditas de aceite de oliva virgen extra
1	diente de ajo pequeño, picado (opcional)
	sal marina en escamas recién molida

Quite la parte inferior dura y leñosa de los espárragos. Si los tallos son largos, córtelos por la mitad para que quepan fácilmente en la cesta de la freidora. Lávelos, póngalos en un bol y mézclelos con el aceite, el ajo, si lo utiliza, y la sal. Ponga los espárragos en la cesta y cocínelos durante 6-7 minutos a 200 ºC. Deles la vuelta a los 5 minutos de cocción.
Sírvalos calientes como aperitivo o tentempié, o como guarnición de un plato principal.

2

RACIONES

calorías: 185

grasas: 15 g

grasas saturadas: 2,3 g

azúcar: 4,3 g

sal: 1 g

Zanahorias baby asadas con farro y hierbas

Este plato resulta llamativo si se utiliza una mezcla de zanahorias de tres colores diferentes. Siempre que pueda utilice zanahorias baby frescas. Sírvalas como guarnición de pescados o carnes, o combínelas con quesos frescos y sírvalas como una ensalada o un plato vegetariano.

Preparación: 15 min

Cocinado: 15-20 min

200 g	trigo farro o cebada perlada, preferiblemente de cocción rápida
1	manojo pequeño de zanahorias baby
1	manojo pequeño de zanahorias holandesas moradas
1	manojo pequeño de zanahorias holandesas amarillas
1	cucharada de semillas de comino
2	cucharadas de hojas de tomillo fresco

2	cucharadas de aceite de oliva virgen extra y un poco más para servir
	sal marina en escamas
	pimienta negra recién molida
1	cucharada de orégano fresco
2	cucharadas de perejil fresco picado grueso
120 ml	yogur natural estilo griego

Ponga en una olla 1,5 litros de agua fría con el farro, llévelo a ebullición y luego reduzca el fuego y déjelo cocer lentamente hasta que el trigo esté tierno, unos 10 minutos si se utiliza una de las variedades de cocción rápida. Escúrralo bien con un colador y reserve para que se enfríe un poco.

Mientras tanto, pele las zanahorias y colóquelas en un bol. Espolvoréelas con el comino y 1 cucharada de hojas de tomillo. Rocíelas con las 2 cucharadas de aceite, salpiméntelas y remuévalas bien.

Áselas en la freidora de aire a 190 °C durante 7-8 minutos, luego deles la vuelta y áselas durante otros 5-6 minutos, hasta que estén tiernas.

Mezcle el farro en un bol con el tomillo, el orégano y el perejil restantes. Sazone al gusto.

Para servir, extienda la mitad del yogur en un plato, ponga encima la mitad de las zanahorias, eche el farro por encima y cubra con las zanahorias restantes. Termine el plato con cucharadas del yogur restante, rocíe con aceite de oliva virgen extra y sírvalo templado.

4

RACIONES

calorías: 325

grasas: 10 g

grasas saturadas: 3 g

azúcar: 11 g

sal: 0,74 g

Batatas fritas picantes

Preparación: 10 min

Cocinado: 16-20 min

Intente cortar los gajos de batata más o menos del mismo tamaño para que se cocinen uniformemente. La clave para que queden crujientes es no llenar demasiado la cesta; cocínelas en dos tandas si es necesario. Si no le gusta el picante, omita el pimentón. También puede servir las batatas fritas con tzatziki (vea nuestra receta en la página 71).

350 g	batatas medianas, peladas o sin pelar, al gusto
1	cucharada de aceite de oliva virgen extra y un poquito más para rociar o pincelar
½	cucharadita de sal marina
½	cucharadita de ajo en polvo
½	cucharadita de pimentón picante
	pimienta negra recién molida

2 RACIONES

Corte las batatas en gajos largos y finos, todos aproximadamente del mismo tamaño. Colóquelos en un bol y añada el aceite, la sal, el ajo, el pimentón y la pimienta negra.

Remueva para cubrir uniformemente.

Pinte con aceite la cesta de la freidora. Coloque la mitad de las batatas en la cesta en una sola capa. Fríalas a 200 °C durante 8-10 minutos, hasta que estén tiernas por dentro y crujientes por fuera. Deles la vuelta a los 5 minutos de cocción. Cocine las batatas restantes de la misma manera. Sírvalas calientes.

calorías: 215

grasas: 7,8 g

grasas saturadas: 1,2 g

azúcar: 9,3 g

sal: 1,6 g

Buñuelos de berenjena con tzatziki

Las freidoras de aire son ideales para preparar estas berenjenas. Quedan tiernas y bien cocinadas en solo 20 minutos.

Preparación: 20 min + 90 min de reposo

Cocinado: 30-40 min

Para el tzatziki

1	pepino pequeño
½	cucharadita de sal marina en escamas
250 g	yogur natural al estilo griego
1	cucharada de zumo de limón fresco
½	cucharada de aceite de oliva virgen extra
1	cucharada de menta fresca finamente picada
1	diente de ajo picado

Para la berenjena

1	berenjena mediana
1-2	cucharadas de aceite de oliva virgen extra
60 g	pan recién rallado
50 g	parmesano recién rallado
½	cucharadita de comino molido
	un pellizco de pimentón dulce
2	cucharadas de pasta de tomate
1	huevo de corral pequeño
2	cucharadas de perejil fresco finamente picado
100 g	pan rallado fino y seco
	sal marina y pimienta negra recién molidas

Pele el pepino, córtelo por la mitad a lo largo y, con una cuchara, quite las semillas. Ralle la pulpa. Colóquelo en un colador, espolvoréelo con sal y déjelo escurrir en un cuenco durante 15 minutos. Exprima el líquido restante del pepino con las manos. Pique muy fina la carne del pepino y pásela a un cuenco. Añada el yogur, el zumo de limón, el aceite, la menta y el ajo y remuévalo hasta que quede bien mezclado. Tápelo y póngalo a enfriar hasta el momento de servir.

Corte el tallo de la parte superior de la berenjena y córtela en dos mitades longitudinalmente. Úntelas con 1 cucharada de aceite y haga agujeros en la piel con ayuda de un tenedor.

Coloque las mitades de berenjena boca abajo en la cesta de la freidora y cocínelas durante 20-25 minutos a 200 °C. Cuando estén hechas, las berenjenas tendrán un color marrón con algunos trocitos negros y la piel arrugada. Deje enfriar la berenjena y sáquele la pulpa con una cuchara.

Colóquela en un bol y mézclela con el pan rallado fresco, el parmesano, el comino, el pimentón, la pasta de tomate, los huevos y el perejil. Sazónela con sal y pimienta. Si la mezcla está demasiado blanda, añada más pan rallado fresco.

Forme discos de unos 5 cm de ancho con esta pasta (más o menos una cucharada sopera colmada de la mezcla). Reboce cada disco en el pan rallado seco y refrigérelos durante 1 hora.

Coloque los buñuelos en una sola capa en la cesta de la freidora de aire. Si es necesario, cocínelos en dos tandas. Rocíe o pinte los buñuelos con aceite y cocínelos durante 8 minutos a 190 °C, luego deles la vuelta con cuidado y cocínelos durante 5 minutos más, hasta que estén crujientes y dorados. Servir calientes con el tzatziki frío.

3 RACIONES

calorías: 571

grasas: 27 g

grasas saturadas: 11 g

azúcar: 20 g

sal: 2,4 g

Buñuelos de calabacín y maíz con guacamole y salsa

*Preparación: 20 min +
30 min de reposo*

Cocinado: 10-15 min

Estos buñuelos con el guacamole y la salsa son un plato atractivo y delicioso, perfecto para una comida informal con amigos.

Para el guacamole

2	aguacates maduros
1	cucharada de cebolla roja finamente picada
1	cucharada de zumo de lima fresco
¼	chile jalapeño, sin semillas y picado
1	diente de ajo picado
¼	cucharadita de sal marina en escamas

Para la salsa

6	tomates pera, picados
1	cebolla roja pequeña, picada finamente
¼	taza de cilantro fresco picado (cilantro)
2	cucharadas de zumo de lima fresco
1	chile jalapeño, sin semillas y picado
1	diente de ajo picado
¼	cucharadita de sal marina en escamas

Para los buñuelos

150 g	maíz dulce cocido, picado fino
1	calabacín grande rallado grueso
4	cebolletas cortadas en rodajas finas
4	cucharadas de harina
1	huevo de corral ligeramente batido
2	cucharadas de cilantro fresco picado grueso
1	chile rojo sin semillas y picado grueso
	sal marina y pimienta negra recién molidas
1-2	cucharadas de aceite de oliva virgen extra
	chips de maíz, para servir

RACIONES

Corte los aguacates por la mitad, quíteles el hueso y saque la carne con una cuchara. Macháquelos en un bol con un tenedor hasta que queden en trozos. Añada la cebolla, el zumo de lima, el jalapeño, el ajo y la sal. Mezcle, tape y déjelo reposar a temperatura ambiente durante 30 minutos.

Por otro lado, mezcle suavemente todos los ingredientes de la salsa. Tápelos y métalos en el refrigerador hasta el momento de servir.

Mezcle ahora el maíz en un bol con el calabacín, las cebolletas, la harina, el huevo, el cilantro y el chile. Sazone con sal y pimienta, mezclando bien.

Forme hamburguesas redondas con cucharadas grandes de la mezcla y colóquelas en una bandeja forrada con papel de horno.

Rocíe la cesta de la air fryer con un poco de aceite. Coloque una capa de buñuelos en el fondo de la cesta, sin llenarla demasiado. Cocínelos a 190 °C durante 5-6 minutos, dándoles la vuelta una vez, hasta que se doren ligeramente y estén bien hechos. Cocine los buñuelos restantes de la misma manera.

Sirva los buñuelos calientes, con el guacamole, la salsa y los chips de maíz.

calorías: 263

grasas: 19 g

grasas saturadas: 4,2 g

azúcar: 7,9 g

sal: 0,89 g

Minifrittatas de queso y verduras

Preparación: 10 min

Cocinado: 12-15 min

Estas versátiles tortillitas pueden servirse a cualquier hora, de desayuno o brunch, o como un aperitivo, comida o cena baja en carbohidratos. Hornéelas en un molde de silicona para magdalenas. Necesitará 6 moldes.

6	huevos de corral	50 g	hojas de espinacas tiernas picadas
2	cucharadas de leche	60 g	queso cheddar rallado
	sal marina y pimienta negra recién molidas	60 g	queso parmesano rallado
1	pimiento pequeño picado fino		
1	cebolla roja pequeña, picada fina		

6

RACIONES

Bata los huevos junto con la leche en un bol mediano. Sazone con sal y pimienta al gusto. Añada el pimiento, la cebolla, las espinacas y el queso cheddar hasta que estén bien mezclados.

Coloque los moldes en la cesta de la freidora de aire y vierta la mezcla de huevo. Espolvorear con el queso parmesano.

Cocínelos a 150 °C durante 12-15 minutos hasta que se doren por encima. Sabremos que están listos cuando, al insertar un palillo en el centro, salga limpio.

Sírvalas calientes o a temperatura ambiente.

calorías: 167

grasas: 11 g

grasas saturadas: 5,4 g

azúcar: 3,4 g

sal: 0,55 g

Pastel italiano de patatas y huevo

Este plato procede de Liguria, en el noroeste de Italia. Su sabor es parecido a la tortilla española, aunque tradicionalmente se cocina al horno.

Preparación: 10 min

Cocinado: 35 min

750 g	patatas, peladas y cortadas en rodajas finas	1	cucharada de perejil fresco finamente picado
100 g	harina para todo uso	2	tomates finamente picados
120 ml	leche	1	chile rojo sin semillas y finamente picado
4	huevos de corral ligeramente batidos		un pellizco de nuez moscada recién rallada
3	cucharadas de aceite de oliva virgen extra		sal marina en escamas
60 ml	agua	12	nueces picadas
1	manojo de albahaca, picada en trozos grandes	60 g	queso parmesano rallado

Engrase la bandeja más grande que quepa en la freidora.

Coloque las patatas en capas en la fuente.

Bata la harina, la leche, los huevos, el aceite y el agua en un bol grande hasta obtener una mezcla homogénea. Añada la albahaca, el perejil, los tomates y el chile. Sazone con nuez moscada y sal. Vierta la mezcla sobre las patatas. Espolvoree con las nueces y cubra con el queso.

Hornéelo a 180 °C hasta que las patatas estén tiernas y ligeramente doradas, unos 35 minutos.

Sirva caliente.

4

RACIONES

calorías: 527

grasas: 25 g

grasas saturadas: 6,9 g

azúcar: 4,9 g

sal: 0,48 g

Berenjenas a la parmesana

Esta receta clásica procede del sur de Italia, donde las rodajas de berenjena se fríen tradicionalmente en aceite de oliva y luego se colocan en capas en una fuente de horno con salsa de tomate, mozzarella, parmesano, albahaca y, a veces, rodajas de huevo duro. Nuestra receta para la freidora de aire reduce muchísimo la cantidad de aceite utilizado, resultando así un plato mucho más ligero pero que conserva todo su increíble sabor.

Preparación: 20 min

Cocinado: 35-40 min

1-2	cucharadas de aceite de oliva virgen extra
2	huevos de corral
2	cucharadas de agua fría
100 g	pan rallado fino y seco
50 g	queso parmesano finamente rallado + 4 cucharadas para la cobertura
2	cucharadas de albahaca fresca picada
1	cucharadita de orégano seco

	sal marina y pimienta negra recién molidas
1	berenjena grande cortada en rodajas de 1 cm de grosor
750 ml	salsa de tomate sazonada para pasta
150 g	queso mozzarella en lonchas finas o rallado

Bata los huevos y el agua en un bol y sumerja en él las rodajas de berenjena. En otro bol mezcle el pan rallado, los 50 g de parmesano, la albahaca, el orégano, la sal y la pimienta. Pase las berenjenas por la mezcla de pan rallado, cubriéndolas bien.

Unte la cesta de la air fryer con aceite y coloque una capa de rodajas de berenjena. Hornee durante unos 12 minutos a 190 °C, hasta que estén tiernas y doradas. Cocine las rodajas de berenjena restantes de la misma manera. Engrase la bandeja para hornear más grande que quepa en la freidora.

Pinte el fondo de la fuente con parte de la salsa de tomate. Coloque la mitad de las berenjenas en el fondo y encima un tercio de la mozzarella. Cubra con más salsa de tomate y otro tercio de la mozzarella. Ponga el resto de las berenjenas. Cubra con el resto de la salsa y la mozzarella y espolvoree el resto del parmesano.

Coloque la bandeja en la freidora de aire y cocine a 200 °C durante 15 minutos hasta que esté burbujeante y dorado. Déjelo reposar 5 minutos antes de servir.

4

RACIONES

calorías: 481

grasas: 18 g

grasas saturadas: 9 g

azúcar: 29 g

sal: 6,5 g

Brochetas de paneer y verduras

Preparación: 10 min +
1 h de marinado

Cocinado: 10-12 min

El paneer es un requesón fresco que se elabora en la India desde hace miles de años. Está disponible en los supermercados asiáticos, pero si no lo encuentra, puede sustituirlo en esta receta por tofu duro.

Para el adobo

120 ml yogur desnatado

2	cucharaditas de jengibre fresco finamente rallado
3	dientes de ajo finamente picados
	escamas de sal marina
1	cucharadita de chile picante en polvo
1	cucharadita de garam masala
2	cucharadas de zumo de limón fresco
2	cucharadas de aceite de cacahuete
1	cucharadita de comino en polvo
6	semillas de cardamomo verde molidas

Para las brochetas

350 g	paneer cortado en dados de 2,5 cm
1	cebolla blanca grande, dividida en capas y cortada en cuadrados de 2,5 cm
1	pimiento rojo grande y carnoso, sin semillas y cortado en cuadrados de 2,5 cm
	pan naan para servir

4 RACIONES

Mezcle todos los ingredientes del adobo en un bol. Añada el queso paneer, la cebolla y el pimiento. Cúbralo con film transparente y déjelo marinar en el frigorífico durante al menos 1 hora.

Ensarte las verduras y el paneer alternativamente en ocho brochetas cortas de bambú o metal. Unte con un poco de la marinada.

Colóquelas en la cesta de la freidora y cocínelas a 180 °C durante 10-12 minutos, hasta que las verduras estén ligeramente tostadas y tiernas. Pinte otra vez las brochetas con la marinada a mitad del tiempo de cocción. Sírvalas calientes con el pan naan.

calorías: 446

grasas: 33 g

grasas saturadas: 17 g

azúcar: 9 g

sal: 0,11 g

Falafel y ensalada en pan de pita

*Preparación: 30 min +
20-24 h de remojado +
30 min de reposo*

Cocinado: 15-30 min

Nuestra receta de falafel es la auténtica, ya que utilizamos garbanzos crudos y no enlatados. Solo así conseguirá el sabor y la textura real de este plato.
Los garbanzos deben remojarse durante 20-24 horas. Una taza de garbanzos secos se convierte en unas 2½ tazas una vez remojados. El falafel y la salsa de tahini también pueden servirse calientes como aperitivo o para untar.

Para el falafel

200 g	garbanzos secos
½	cebolla roja picada
1	cucharada de perejil y otra de cilantro frescos picados
1	diente de ajo picado
1	cucharada sopera de harina para todo uso
1	cucharadita de comino molido
½	cucharadita de levadura en polvo
½	cucharadita de bicarbonato sódico (bicarbonato de sodio)
½	cucharadita de sal marina en escamas
¼	cucharadita de cilantro molido
	aceite de oliva virgen extra, para rociar o pincelar

Para la salsa de tahini

120 ml	tahini
1	cucharada de zumo de limón fresco
1	diente de ajo, machacado
60 ml	agua

Para la ensalada

3	tomates cortados en dados
1	pepino cortado en dados
1	cebolla roja cortada en dados
2	cucharadas de perejil fresco picado
2	cucharadas de aceite de oliva virgen extra
1	cucharada de zumo de limón fresco
	sal marina recién molida y pimienta negra
4	panes de pita calientes, para servir

RACIONES

Ponga a remojar los garbanzos en agua fría durante 20-24 horas. Escúrralos y tritúrelos en una batidora junto con la cebolla, el perejil, el cilantro y el ajo hasta que queden picados pero con algo de textura.
Páselo a un bol y añada la harina, el comino, la levadura en polvo, el bicarbonato, la sal, la pimienta y el cilantro y mézclelo bien. Añada 1-2 cucharadas de agua, una cucharada cada vez, mezclando hasta formar una masa gruesa que se pegue.
Deje reposar durante 30 minutos.
Con las manos mojadas, forme 16 bolas iguales con la mezcla de falafel y colóquelas en un plato grande. Refrigere hasta que lo necesite.
Mientras tanto, mezcle bien el tahini, el zumo de limón y el ajo en un bol pequeño. Añada el agua poco a poco, removiendo hasta obtener una salsa fina. Reserve.
Por otro lado, mezcle los tomates, el pepino, la cebolla y el perejil en un bol mediano. Bata el aceite y el zumo de limón en un bol pequeño y sazone con sal y pimienta. Vierta el aliño sobre la ensalada y remueva para mezclar.
Rocíe entonces los falafel con aceite y cocínelos durante 15 minutos a 190 °C hasta que estén crujientes y dorados. Dé la vuelta a los falafel a la mitad del tiempo de cocción. Dependiendo del tamaño de su freidora de aire, puede que tenga que cocinarlos en dos tandas.
Para servir, abra los panes de pita calientes, rellénelos con los falafel y la ensalada, y eche un poco de la salsa tahini por encima. Sírvalos calientes.

calorías: 525

grasas: 26 g

grasas saturadas: 3,5 g

azúcar: 9,4 g

sal: 1,2 g

Hamburguesa de champiñones Portobello asados

Preparación: 15 min

Cocinado: 14-16 min

Los champiñones Portobello, con su delicioso sabor y textura «carnosa», son el relleno perfecto para estas hamburguesas vegetarianas. Para una hamburguesa vegana, sustituya el queso de cabra por hummus.

4-6	rodajas de pimiento rojo asado en conserva
4	champiñones Portobello (solo el sombrero)
	aceite de oliva virgen extra, para rociar o pincelar
	sal marina y pimienta negra recién molida

2	panecillos de hamburguesa o panecillos redondos, partidos por la mitad
90 g	queso de cabra cremoso
	un puñado de hojas de lechugas baby
2	cucharadas de chutney

2

RACIONES

Salpimente los champiñones Portobello y rocíelos con un poco de aceite; si lo prefiere, puede cocinarlos sin aceite. Pinte el fondo de la cesta de la freidora de aire con un poco de aceite. Coloque los champiñones boca abajo y cocínelos a 200 °C durante 7-8 minutos. Deles la vuelta y cocínelos durante 7-8 minutos más, hasta que estén tiernos y jugosos.
Manténgalos calientes mientras tuesta los panes de hamburguesa en la air fryer durante 2-3 minutos a 200 °C.
Unte después uniformemente la parte inferior de los panecillos con el queso de cabra y ponga encima las hojas de ensalada, los champiñones, los pimientos y el chutney. Tape con la parte superior de los panecillos y sírvalos calientes.

calorías: 359

grasas: 14 g

grasas saturadas: 8,2 g

azúcar: 1,8 g

sal: 1,6 g

Hamburguesa de judías con ensalada de col

Preparación: 15 min +
2-4 h de reposo

Cocinado: 15 min

Estas hamburguesas son una comida o cena saludable que pueden prepararse con antelación y refrigerarse hasta el momento de cocinarlas. Además, unas horas en el frigorífico harán que se desmoronen menos en la freidora.

Para la ensalada de col

100 g	col verde rallada
3	zanahorias ralladas no muy finas
1	manzana verde rallada en trozos grandes
60 g	pasas sultanas
1	chile jalapeño picado en trocitos
2	cucharadas de aceite de oliva virgen extra
2	cucharadas de zumo de lima fresco
3	cucharadas de cilantro picado
½	cucharadita de comino molido
	sal marina y pimienta negra recién molidas

Para las hamburguesas

400 g	garbanzos cocidos escurridos y enjuagados
4	tiras de cebollino cortadas
75 g	pan rallado
45 g	cacahuetes salados
½	cucharadita de comino molido
1	cucharada de jengibre fresco picado
1	huevo de corral
	aceite de oliva virgen extra
1	cucharada de mostaza de Dijon
4	cucharadas de mayonesa
4	panecillos integrales o de granero, para servir
	ensalada verde, para servir
2	tomates en rodajas, para servir

RACIONES

Mezcle todos los ingredientes de la ensalada de col en un bol, tápelo y déjelo enfriar de 2 a 4 horas para que se integren los sabores.

Prepare las hamburguesas triturando los garbanzos, las cebolletas, el pan rallado, los cacahuetes, el comino y el jengibre en un robot de cocina hasta que quede un puré grueso. Salpimiéntelo y pase la mitad de la mezcla a un bol. Añada el huevo al robot de cocina y bata la mezcla hasta que quede homogénea. Incorpórelo a la mezcla del bol y mezclar todo bien. Forme cuatro hamburguesas iguales.

Pinte ambos lados de las hamburguesas con aceite, póngalas en la freidora sin que se monten y cocínelas a 200 °C hasta que estén crujientes y doradas, 5-6 minutos por cada lado. Saque las hamburguesas de la freidora de aire con la ayuda de una espátula con cuidado de que no se desmenucen.

Manténgalas calientes mientras tuesta ligeramente los panes de hamburguesa en la air fryer durante 2-3 minutos a 200 °C.

Unte la base de los panes con mayonesa y mostaza, ponga las hojas de ensalada y las rodajas de tomate y las hamburguesas. Sírvalas calientes con la ensalada de col al lado.

calorías: 687

grasas: 32 g

grasas saturadas: 4,3 g

azúcar: 2,6 g

sal: 1.8 g

Tomates asados con arroz

Preparación: 15 min

Cocinado: 25 min

Estos tomates se hacen sorprendentemente bien en la freidora de aire y están listos en solo 15 minutos (o 25 minutos, incluyendo el tiempo de cocción del arroz). Intente comprar tomates en rama con los tallos todavía puestos. Corte la parte superior de los tallos, manteniendo las partes verdes en los tomates. Resultan muy atractivos al servirlos.

4	tomates en rama más bien grandes
	sal marina y pimienta negra recién molidas
100 g	arroz redondo
2	cucharadas de albahaca fresca finamente picada

RACIONES

Cueza el arroz en agua ligeramente salada hasta que esté hecho, unos 8 o 10 minutos, o según el tiempo indicado en el paquete.

Corte la parte superior de los tomates y reserve las tapas. Con una cucharilla, vacíe los tomates, sacando la carne y las semillas y poniéndolos en un bol. Machaque la carne de los tomates con un tenedor, añada el arroz cocido, la albahaca, el orégano y el ajo, salpimentar y mezclar bien.

Rellene los tomates vaciados con la mezcla del arroz presionándolos con una cucharilla, espolvoree cada uno con una cucharadita o dos de pan rallado si lo desea y coloque las tapas de los tomates. Colóquelos en la cesta de la freidora y cocínelos a 180 °C durante unos 15 minutos, hasta que los tomates estén jugosos y tiernos. Sírvalos calientes.

calorías: 195

grasas: 0,5 g

grasas saturadas: 0,1 g

azúcar: 3,7 g

sal: 0,02 g

Pescado y marisco

La freidora de aire es ideal para asar marisco y pescado.
Funciona especialmente bien con los calamares, que
requieren una cocción muy rápida con calor intenso para
evitar una desagradable textura gomosa. Pruebe nuestra
receta de calamares fritos con costra de almendras (véase
la página 95). Los filetes de pescado pueden empanarse
y asarse en pocos minutos consiguiendo así una ración de
proteínas baja en grasas. También hemos incluido recetas de
hamburguesas de pescado, salmón asado, filetes de atún y
un delicioso bacalao al horno con salsa *chermoula* del norte
de África.

Brochetas de vieiras a la plancha con vinagreta de lima picante (ver receta en página 93)

Gambas a la plancha con harissa

*Preparación: 15 min +
1 h de remojado*

Cocinado: 7-9 min

La harissa es un condimento del norte de África picante y especiado. Se puede comprar en cualquier tienda de alimentos norteafricanos, pero es fácil de preparar en casa, como le mostramos en nuestra receta. Estas deliciosas gambas se sirven enteras, así que disponga un plato para las cáscaras y cuencos con agua fría y toallitas de papel para enjuagar los dedos después de pelarlas.

Para la harissa

10	guindillas rojas secas largas
2	dientes de ajo picados
2	cucharaditas de pimentón molido
1	cucharadita de comino molido
1	cucharadita de sal marina en escamas
½	cucharadita de cilantro molido
60 ml	aceite de oliva virgen extra
2	cucharadas de zumo de limón fresco

Para las gambas

12	gambas grandes crudas (o langostinos), enteras, sin pelar
	gajos de limón, para servir

2 RACIONES

Para preparar la harissa, remoje los chiles en agua caliente durante 1 hora para ablandarlos. Escúrralos y córtelos en trozos grandes.

Mezclar los chiles, el ajo, el pimentón, el comino, la sal y el cilantro en una picadora hasta que queden picados finamente. También se puede machacar con un mortero. Añadir el aceite y el zumo de limón y mezclar hasta obtener una pasta espesa.

Embadurne las gambas con esta pasta y póngalas en la cesta de la freidora. Áselas a 190 °C hasta que estén doradas y bien hechas, de 7 a 9 minutos. Dé la vuelta a las gambas a mitad de la cocción. Póngalas en un plato, adórnelas con los gajos de limón y sírvalas calientes.

calorías: 300

grasas: 23 g

grasas saturadas: 3,2 g

azúcar: 0 g

sal: 1,4 g

Gambas crujientes con coco

Preparación: 10 min

Cocinado: 14-18 min

El sabor dulce de las gambas combina deliciosamente bien con el coco en esta sencilla receta. Si tiene una rejilla para la parrilla de su air fryer podrá cocinar las gambas en doble capa en una sola tanda.

75 g	harina para todo uso	12	gambas grandes (o langostinos), peladas, evisceradas y sin cabeza
½	cucharadita de sal marina en escamas	1-2	cucharadas de aceite de cacahuete
½	cucharadita de jengibre molido		zumo fresco de limón o lima, para servir
½	cucharadita de pimienta negra recién molida		
2	claras de huevo de corral		
100 g	coco rallado (desecado) sin azúcar		

2

RACIONES

Mezcle la harina, la sal, el jengibre y la pimienta en un bol. Bata las claras de huevo en otro bol hasta conseguir una textura espumosa. Ponga el coco en un tercer bol.

Pase las gambas primero por la harina y después por las claras de huevo. Rebócelas finalmente con el coco, dando golpecitos para que se adhiera a las gambas.

Ensarte las gambas una a una en brochetas cortas; esto evitará que se enrosquen durante la cocción.

Pinte el fondo de la cesta de la freidora de aire con un poco de aceite. Rocíe las gambas con aceite.

Ponga la mitad de las gambas en la cesta de la freidora de aire. Cocínelas a 190 °C hasta que estén doradas y bien hechas, de 7 a 9 minutos. Dé la vuelta a las gambas con cuidado a mitad del tiempo de cocción. Cocine las gambas restantes de la misma manera.

Sírvalas calientes, rociadas con zumo de limón o lima.

calorías: 677

grasas: 44 g

grasas saturadas: 31 g

azúcar: 3,5 g

sal: 3,4 g

Brochetas de vieiras a la parrilla con vinagreta de lima picante

Estas elegantes brochetas son perfectas para ocasiones especiales.

Preparación: 15 min

Cocinado: 3-5 min

Para la vinagreta de lima

1	chalota finamente picada
120 ml	zumo de lima fresco
½	cucharadita de chile en polvo
2	cucharaditas de miel
½	cucharada de vinagre de vino tinto
60 ml	de aceite de oliva virgen extra
1-2	cucharadas de cilantro finamente picado
	sal marina y pimienta negra recién molidas

Para las brochetas

12	vieiras medianas-grandes, sin el coral
1½	cucharada de mantequilla salada, derretida pero fría
	gajos de lima para servir
	cuscús o arroz recién cocido de acompañamiento

Ponga las chalotas, el zumo de lima y el chile en polvo en un cazo pequeño a fuego fuerte y llévelo a ebullición. Baje el fuego y déjelo cocer a fuego lento hasta que espese y se forme un sirope, unos 10 minutos. Páselo a un bol resistente al calor y deje enfriar a temperatura ambiente.

Bata entonces esta mezcla primero con la miel y el vinagre, y luego con el aceite. Añada el cilantro, sazone con sal y pimienta y reserve hasta el momento de servir.

Reboce ahora las vieiras en la mantequilla y salpiméntelas. Ensártelas en seis brochetas cortas de metal o bambú (dos en cada brocheta).

Coloque las brochetas en la cesta de la freidora y cocínelas a 200 °C hasta que estén caramelizadas por ambos lados, de 3 a 5 minutos. Deles la vuelta a la mitad del tiempo de cocción.

Las vieiras deben estar opacas cuando estén hechas; no deje que se sequen. Disponga las brochetas de vieiras calientes en los platos de servir, riéguelas con la vinagreta de lima picante y sírvalas con el cuscús o el arroz. Decore con los gajos de lima.

2 RACIONES

calorías: 481

grasas: 40 g

grasas saturadas: 10 g

azúcar: 4,6 g

sal: 1,7 g

Calamares fritos con costra de almendra

La costra de almendra de estos calamares añade otra dimensión al sabor de este clásico. Sírvalos como aperitivo o plato principal. Esta receta servirá de seis a ocho personas como aperitivo, y cuatro como plato principal.

Preparación: 15 min + 15 min de reposo

Cocinado: 20-30 min

400 g anillas de calamar
75 g harina para todo uso
sal marina y pimienta negra recién molidas
2 huevos de corral batidos
250 g panko o pan rallado seco y fino
50 g almendras finamente molidas

aceite de oliva virgen extra, para rociar o pincelar
perejil fresco para adornar
1 limón en rodajas para adornar

Seque los calamares con papel de cocina y extiéndalos en un plato grande. Tápelos y métalos en el frigorífico para que se enfríen durante al menos 15 minutos antes de empezar a prepararlos.

Ponga la harina en un cuenco poco profundo y sazónela con sal y pimienta. Coloque los huevos en otro bol y mezcle el pan rallado y las almendras en un tercer bol. Pase los calamares de uno en uno por la harina y sacuda el exceso. Páselos por el huevo y luego por la mezcla de pan rallado y almendras.

Pinte el fondo de la cesta de la freidora con aceite. Rocíe los calamares con aceite.

Coloque una capa de calamares en el fondo de la cesta de la freidora sin que se monten demasiado; puede cocinar los calamares en 2 o 3 tandas.

Cocínelos a 200 °C durante unos 10 minutos, hasta que estén dorados y crujientes por fuera y tiernos por dentro. Utilice unas pinzas para dar la vuelta a los calamares a los 7 minutos de cocción. Manténgalos calientes mientras cocina el resto de los calamares de la misma manera.

Sírvalos calientes adornados con el perejil y las rodajas de limón.

4

RACIONES

calorías: 503

grasas: 15 g

grasas saturadas: 2,4 g

azúcar: 4,5 g

sal: 1,5 g

Tortitas de gambas con sambal de cilantro

Preparación: 20 min +
1-24 h de reposo

Cocinado: 20-24 min

El sambal es un tipo de mermelada picante de chiles. Acompañe estos sabrosos pastelitos de gambas con verduras asiáticas salteadas y arroz basmati o tailandés recién cocido.

Para las tortitas de gambas

3	rebanadas de pan de molde blanco
2	chalotas cortadas por la mitad
1	diente de ajo, finamente picado
400 g	gambas crudas peladas (o langostinos)
½	cucharadita de comino molido
½	cucharadita de garam masala
1	huevo de corral
	sal marina recién molida y pimienta negra
2	cucharadas de aceite de cacahuete

Para el sambal

1	pimiento rojo pequeño
3	chiles verdes frescos grandes sin semillas
	una rodaja fina de jengibre fresco, pelado y picado
4	dientes de ajo picados
50 g	cilantro fresco, picado grueso
1	cucharadita de azúcar moreno
2	cucharaditas de vinagre de sidra, de vino blanco o de malta
	el zumo recién exprimido de 1 limón pequeño

4 RACIONES

Mezcle el pan, las chalotas, el ajo, las gambas, el comino, el garam masala y el huevo en un robot de cocina. Salpimiente y triture hasta obtener una mezcla homogénea.

Forme con la mezcla de gambas 12 tortitas redondas y uniformes, aplanándolas ligeramente. Colóquelas en un plato, cúbralas con papel de aluminio y refrigérelas de 1 a 24 horas, hasta que estén listas para cocinar.

Mientas tanto mezcle todos los ingredientes del sambal en un procesador de alimentos y píquelos hasta que tenga una textura suave. Sazone con sal y pimienta. Cúbralo y póngalo a enfriar hasta el momento de servir.

Pinte el fondo de la cesta con un poco del aceite de cacahuete. Coloque la mitad de las tortitas de gambas en la freidora y rocíelas con un poco más de aceite. Cocine durante 10-12 minutos a 180 °C, hasta que estén doradas. Deles la vuelta con unas pinzas a mitad de la cocción. Manténgalas calientes mientras cocina el resto de la misma manera.

Sirva calientes, con el sambal al lado para mojar.

calorías: 242

grasas: 10 g

grasas saturadas: 2 g

azúcar: 5 g

sal: 1,6 g

Pasteles de pescado con salsa de chile dulce

Añada más o menos pasta de chile rojo a los pasteles de pescado en función de lo picantes que quiera que sean. Si no encuentra hojas de lima, sustitúyalas por 2 cucharaditas de hierba limón picada finamente.

Preparación: 20 min

Cocinado: 35-40 min

Para la salsa de chile

2	cucharadas de vinagre de arroz
100 g	azúcar
2	cucharadas de agua
5	chiles rojos frescos

Para los pasteles de pescado

120 g	filetes de salmón sin piel
120 g	filetes de pescado blanco sin piel
180 g	calamares limpios
2	cucharadas de pasta de chile rojo
4	hojas de lima ralladas
12	judías verdes recortadas y picadas finamente
1	cucharada de salsa de pescado tailandesa
1	clara de huevo de corral
1	cucharada de salsa de ostras
2	cucharadas de aceite de cacahuete
1	pepino pequeño, cortado en daditos, para servir
	cacahuetes tostados, para servir

Ponga el vinagre de arroz, el azúcar, el agua y los chiles en una cacerola pequeña. Llévelo a ebullición y déjelo cocer a fuego lento durante 15 minutos. Retírelo del fuego, páselo a un robot de cocina y tritúrelo hasta obtener una mezcla homogénea. Pase esta salsa por un colador de malla fina a un bol. Coja 1 cucharadita de los sólidos que han quedado en el colador e incorpórelos a la salsa. Deseche el resto y reserve la salsa hasta el momento de servir.

Por otro lado, introduzca el salmón, el pescado blanco y los calamares en un robot de cocina y píquelos hasta obtener una mezcla homogénea. Añada la pasta de chile y bátalo todo hasta que quede bien mezclado.

Mezcle en un bol aparte las hojas de lima, las judías verdes, la salsa de pescado, la clara de huevo y la salsa de ostras. Añada ahora la mezcla de pescado y remueva hasta obtener una mezcla homogénea. Forme tortitas de unos 5 cm de diámetro.

Pinte el fondo de la cesta de la freidora con un poco de aceite de cacahuete. Coloque la mitad de las tortas de pescado en la freidora rociadas con un poco de aceite. Cocínelas durante 10-12 minutos a 180 °C, hasta que se doren y estén bien hechas. Deles la vuelta con unas pinzas a mitad del tiempo de cocción. Mantenga caliente mientras cocina el resto de los pasteles de pescado de la misma manera.

Sirva los pasteles de pescado calientes, con la salsa de chile dulce, el pepino y los cacahuetes.

4

RACIONES

calorías: 262

grasas: 7,6 g

grasas saturadas: 1,3 g

azúcar: 27 g

sal: 0,99 g

Dumplings o wontons

Preparación: 30 min +
12 h de reposo

Cocinado: 16-24 min

Esta deliciosa receta de empanadillas chinas es para 6-8 personas si se sirven como aperitivo o para cuatro si son parte de un plato asiático. Según la leyenda, recibieron su nombre chino guotie, que significa «palo de wok», cuando un cocinero que los estaba cocinando se olvidó de ellos. El agua hirvió y los dumplings se pegaron al wok, pero estaban tan deliciosos que nació un nuevo plato.

Para los dumplings

120 g	gambas peladas, sin cabeza y desvenadas
500 g	carne de vacuno picada
2	cebolletas finamente picadas
2	cucharaditas de jengibre fresco picado fino
1	diente de ajo picado
2	castañas de agua, escurridas y finamente picadas (pueden ser en conserva)
½	cucharadita de sal marina en escamas
½	cucharadita de azúcar blanco
2	cucharaditas de aceite de sésamo
400 g	láminas de pasta wonton
2	cucharadas de aceite de cacahuete + algo más para rociar o pincelar

Para la salsa

60 ml	aceite de chile
60 ml	salsa de soja
2	cucharaditas de vinagre de arroz

RACIONES

Triture las gambas en un robot de cocina hasta conseguir una pasta suave. Pásela a un bol y añada la ternera, las cebolletas, el jengibre, el ajo, las castañas de agua, la sal, el azúcar y el aceite de sésamo. Mézclelo todo bien, cúbralo y póngalo a enfriar toda la noche.

Ponga una cucharada del relleno en cada lámina de wonton. Humedezca los bordes con un poco de agua y dóblelos para sellarlos. Presione los bordes con un tenedor humedecido.

Pinte la cesta con aceite y rocíe todos los dumplings. Coloque la mitad en la cesta y cocínelos a 200 ºC hasta que se doren, entre 8 y 12 minutos. Utilice unas pinzas para darles la vuelta a mitad del tiempo de cocción.

Sáquelos de la cesta y manténgalos calientes mientras cocina los demás de la misma forma.

Mezcle el aceite de chile, la salsa de soja y el vinagre en un bol.

Sirva los dumplings calientes con la salsa al lado para mojar.

calorías: 768

grasas: 40 g

grasas saturadas: 11 g

azúcar: 2,7 g

sal: 4,8 g

Kofte de gambas a la hierba limón

Preparación: 15 min +
1 h de reposo

Cocinado: 8-10 min

Sirva estas brochetas de gambas ligeramente dulces con pequeños cuencos de salsa de chile dulce, arroz tailandés y verduras asiáticas al vapor. Los tallos de hierba limón añaden un delicioso sabor al kofte (albóndigas turcas), pero también se pueden utilizar brochetas cortas de metal o bambú.

3	cebolletas cortadas	1	cucharada de harina común
1	guindilla verde grande	1	cucharada de salsa de pescado
2	guindillas rojas pequeñas	1	clara de huevo de corral
2	dientes de ajo		sal marina y pimienta negra recién molida
1	cucharadita de jengibre		
1	cucharadita de hierba limón picada + 6 tallos	1	cucharada de aceite de cacahuete

500 g carne de gamba (o langostino)
2 cucharadas de zumo de lima fresco

3

RACIONES

Ponga las cebolletas, los chiles verdes y rojos, el ajo, el jengibre y la hierba limón en un procesador de alimentos y triture hasta obtener una pasta gruesa. Añada las gambas y triture otra vez.

Pase esta mezcla a un bol, añada el zumo de lima, la harina, la salsa de pescado, la clara de huevo, la sal y la pimienta y remueva para mezclar. Cúbralo y refrigere durante 30 minutos.

Corte la parte inferior blanca de los 6 tallos de hierba limón y guárdelos en un recipiente hermético para utilizarlos más tarde. Utilice las partes verdes largas restantes de los tallos para hacer seis brochetas cortas.

Divida la mezcla de las gambas en seis porciones iguales. Con las manos húmedas, moldee la mezcla alrededor de los extremos de los tallos, aplanándolas ligeramente. Colóquelas en un plato, cúbralas y refrigérelas durante 30 minutos.

Rocíe las brochetas con aceite de cacahuete y cocínelas a 180 °C hasta que estén hechas pero tiernas, de 8 a 10 minutos.

Dé la vuelta a las brochetas con cuidado con unas pinzas a mitad de la cocción. Sírvalas calientes.

calorías: 188

grasas: 6,4 g

grasas saturadas: 1,2 g

azúcar: 0,6 g

sal: 2,7 g

Brochetas de rape y jamón de Parma

El rape es un pescado de carne firme y sabrosa. Se puede sustituir por otro pescado blanco de carne firme, como bacalao, lubina, fletán o pargo. Necesitará seis brochetas cortas de metal o bambú.

Preparación: 15 min + 1 h de reposo

Cocinado: 10-12 min

60 ml	aceite de oliva virgen extra	500 g	filetes de rape cortados en dados de 2 cm de lado (debería obtener unos 24)
3	cucharadas de zumo de naranja fresco	12	lonchas de jamón de Parma, cortadas por la mitad a lo largo
½	cucharadita de canela molida		
¼	cucharadita de cilantro molido		
¼	cucharadita de cayena		
	Sal marina y pimienta negra recién molidas		

Mezcle el aceite, el zumo de naranja, la canela, el cilantro y la cayena en un bol mediano. Salpimiéntelo. Añada el rape y remuévalo para que se impregne. Cúbralo y déjelo enfriar durante 1 hora.

Pasado ese tiempo, vierta la mezcla de aceite y zumo de naranja en un bol pequeño. Lo utilizará para pincelar el pescado durante la cocción.

Enrolle una loncha de jamón de Parma alrededor de cada trozo de rape y ensarte cuatro trozos en cada brocheta.

Colóquelos en la cesta de la freidora de aire y úntelos con la mezcla de aceite y zumo de naranja. Cocínelos a 180 °C hasta que estén tiernos y dorados, entre 10 y 12 minutos. Dé la vuelta con cuidado a las brochetas una vez hacia la mitad del tiempo de cocción.

Sírvalas calientes.

3 RACIONES

calorías: 365

grasas: 22 g

grasas saturadas: 3,9 g

azúcar: 6,5 g

sal: 1,4 g

Bacalao al horno con hinojo

Preparación: 20 min

Cocinado: 25-32 min

En este elegante plato hemos realzado el sabor anisado del hinojo marinándolo con Pernod.

2	bulbos pequeños de hinojo, con los tallos y las frondas plumosas
2	dientes de ajo picados
2	cucharadas de aceite de oliva virgen extra
2	cucharadas de vino blanco seco
1	cucharada de Pernod
1	limón fresco (la piel rallada, la mitad de los gajos pelados y el resto exprimido).
¼	taza de hojas de perejil fresco de hoja plana

	escamas de sal marina
	pimienta negra recién molida
1	cucharada de azúcar
2	filetes de bacalao u otro pescado de carne firme (150 g), con piel
1	endivia con sus hojas cortadas en rodajas
¼	taza de hojas frescas de perifollo (perejil francés)

RACIONES

Corte la parte superior del hinojo, reserve las hojas para decorar. Corte cada hinojo por la mitad verticalmente y de nuevo por la mitad.

Coloque el hinojo y el ajo en un trozo grande de papel de aluminio. Rocíelo con 1 cucharada de aceite, el vino y el Pernod. Añada la ralladura de limón y la mitad del perejil. Sazone con sal y pimienta y cierre el papel de aluminio alrededor del hinojo, dejando un poco de aire en el paquete.

Coloque el paquete de papel de aluminio en la cesta de la air fryer y cocínelo a 180 °C durante 15-20 minutos, hasta que el hinojo esté tierno y cocido.

Mientras tanto, mezcle los gajos de limón con el zumo y el azúcar en un bol. Remuévalo y reserve.

Retire el paquete de papel de aluminio con el hinojo y resérvelo mientras cocina el pescado. Pinte la cesta de la freidora con aceite. Sazone el pescado con sal y pimienta, colóquelo en la cesta con la piel hacia abajo y cocínelo a 180 °C hasta que esté hecho, entre 10 y 12 minutos.

Mientras tanto, mezcle el perejil restante con la escarola, el perifollo y las hojas de hinojo en un bol. Para servir, disponga el hinojo y los gajos de limón en los platos y coloque encima el pescado.

Espolvoree con la ensalada de escarola y rocíe con el zumo de limón azucarado y el aceite restante.

Servir caliente.

calorías: 327

grasas: 17 g

grasas saturadas: 2,5 g

azúcar: 8,3 g

sal: 1,4 g

Pescado empanado con salsa tártara casera

Preparación: 10 min

Cocinado: 20 min

No se puede utilizar un rebozado húmedo en una freidora de aire porque se desprenderá durante la cocción. La mejor manera de conseguir una superficie crujiente y deliciosa es rebozar el alimento en harina, sumergirlo en huevo y luego pasarlo por pan rallado.

Salsa tártara

1	yema de huevo de corral
1	cucharadita de mostaza de Dijon
½	cucharada de zumo de limón fresco
½	cucharada de vinagre blanco
120 ml	aceite de oliva virgen extra
	escamas de sal marina
	pimienta negra recién molida
1 ½	cucharadas de alcaparras en salmuera, escurridas y picadas
1 ½	cucharadas de pepinillos en vinagre finamente picados
1	chalota pequeña finamente picada

Pescado empanado

500 g	filetes de bacalao fresco, de un grosor no superior a 2,5 cm, cortados en trozos de unos 6 cm de largo
1	cucharada de aceite de oliva virgen extra
75 g	harina para todo uso
2	huevos de corral
1	cucharadita de mostaza de Dijon
200 g	panko o pan rallado seco
2	limones, cortados en gajos para servir

RACIONES

Para la salsa tártara, ponga en un bol mediano las yemas de huevo, la mostaza, el zumo de limón y el vinagre y bátalo para mezclar. Añada poco a poco 3 cucharadas de aceite, batiendo continuamente hasta que se ligue. Añada el aceite restante en un chorrito fino y constante, batiendo hasta que quede espeso y cremoso. Sazone con sal y pimienta.

Incorpore las alcaparras, los pepinillos y la chalota. Cubra y deje enfriar hasta el momento de servir.

Por otro lado, mezcle la harina y la sal en un recipiente poco profundo. Bata los huevos y la mostaza en otro bol y ponga el pan rallado en un tercer bol. Reboce el pescado en la harina, páselo después por la mezcla de huevo y, por último, por el pan rallado. Presione suavemente el pan rallado sobre el pescado para que se pegue bien.

Pinte la cesta de la freidora de aire con aceite. Rocíe los trozos de pescado empanado con aceite.

Coloque la mitad del pescado en una sola capa en la cesta de la air fryer. Cocínelos durante 5 minutos y, con unas pinzas, deles la vuelta con cuidado y cocínelos 5 minutos más, hasta que estén tiernos y dorados. Manténgalos calientes mientras cocina el resto del pescado de la misma manera.

Sazone con sal y sirva caliente, con los limones y la salsa tártara.

calorías: 996

grasas: 52 g

grasas saturadas: 8,9 g

azúcar: 5,5 g

sal: 2,8 g

Hamburguesas de salmón y bacalao

*Preparación: 15 min +
30 min de reposo*

Cocinado: 10-13 min

Las hamburguesas de pescado son una alternativa ligera y sana a la clásica hamburguesa de ternera. Es una forma estupenda de conseguir que los niños y las personas algo reacias a comer pescado se animen a hacerlo.

350 g	filetes de salmón sin piel y sin espinas
250 g	filetes de bacalao sin piel y sin espinas
1	cucharada de salsa de pescado asiática
1	cucharada de salsa de soja
3	dientes de ajo picados
1	tallo de hierba limón picado
2	cucharadas de cilantro fresco y un poco más para servir
1	cucharada de zumo de lima fresco
1	cucharadita de chile en polvo
	sal marina y pimienta negra recién molidas
100 g	hojas de lechugas variadas
16	tomates cherry en rodajas
4	cebolletas cortadas en rodajas finas
2	cucharadas de aceite de sésamo o de cacahuete
1	cucharada de vinagre
4	panecillos de hamburguesa, partidos por la mitad
	salsa de chile dulce, para servir

RACIONES

Mezcle el salmón, el bacalao, la salsa de pescado, la salsa de soja, el ajo, la hierba limón, el cilantro, el zumo de lima y el chile en polvo en un robot de cocina. Sazonar con sal y pimienta y triturar hasta que quede bien picado. Forme cuatro hamburguesas iguales con esta mezcla. Cúbralas y póngalas a enfriar durante 30 minutos.

Eche las hojas verdes, los tomates, las cebolletas y el cilantro en un bol. Rocíe con el aceite y el vinagre y sazone con sal y pimienta. Mezcle bien.

Rocíe o pinte la cesta de la freidora y las hamburguesas con un poco de aceite.

Introduzca las hamburguesas en la cesta y cocínelas a 190 °C hasta que estén crujientes y doradas, de 8 a 10 minutos. Dé la vuelta a las hamburguesas con cuidado a la mitad del tiempo de cocción.

Manténgalas calientes mientras tuesta ligeramente los panes de hamburguesa en la freidora de aire durante 2-3 minutos a 200 °C.

Unte la parte inferior de los panecillos con salsa de chile dulce, ponga encima las hamburguesas y la ensalada y tape con la parte superior de los panecillos. Sírvalas calientes.

calorías: 510

grasas: 30 g

grasas saturadas: 5,1 g

azúcar: 6,3 g

sal: 1,9 g

Salmón al horno con costra de parmesano

Preparación: 10 min

Cocinado: 10-12 min

El delicioso y saludable salmón se cocina muy bien en una freidora de aire. Aquí le hemos añadido una costra de pan y parmesano para darle un toque extra de sabor, pero también puede poner un filete de salmón ligeramente rociado o untado con aceite de oliva en la cesta y cocinarlo durante 10 minutos más o menos hasta que esté tierno y bien hecho. Así de fácil.

60 g	pan recién rallado de trigo integral	2	cucharadas de aceite de oliva virgen extra y un poco más para pincelar o rociar
¼	taza de hojas de perejil de hoja plana finamente picadas		
60 g	queso parmesano recién rallado	4	filetes de salmón de 150 g cada uno
1	cucharadita de ralladura fina de limón		ensalada de hojas verdes, para servir
	sal marina y pimienta negra recién molida		gajos de limón, para servir

RACIONES

Mezcle el pan rallado, el perejil, el queso parmesano, la ralladura de limón, la sal y la pimienta en un bol. Rocíe con 2 cucharadas de aceite y remueva hasta que el pan rallado esté impregnado de aceite. Presione la mezcla de pan rallado sobre la parte de la carne del salmón para formar una cubierta uniforme.

Pinte la cesta de la freidora de aire con un poco de aceite. Coloque el salmón, con la piel hacia abajo, en la cesta.

Cocine a 190 °C durante unos 10-12 minutos, hasta que el pan rallado esté ligeramente dorado y el salmón esté bien hecho.

Sírvalo caliente con una ensalada de hojas verdes y gajos de limón.

calorías: 263

grasas: 19 g

grasas saturadas: 4,4 g

azúcar: 0,5 g

sal: 0,59 g

Filete de atún con huevo, tomate y aceitunas

El atún se cocina rápidamente, así que tenga cuidado de no cocinarlo demasiado o se secará. Para obtener los mejores resultados con el atún, utilice la sartén accesoria de la freidora de aire, donde puede precalentar un poco de mantequilla o aceite antes de añadir el pescado.

Preparación: 15 min

Cocinado: 8-10 min

50 g	aceitunas de Kalamata sin hueso
3	cucharadas de aceite virgen extra
1	cucharada de vinagre de vino blanco
3	huevos de corral
20	tomates cherry cortados en cuartos
2	cucharadas de perejil fresco finamente picado
1	cucharada de alcaparras

sal marina y pimienta negra recién molida

2	filetes de atún de 150 g cada uno

Pique finamente las aceitunas, añada 2 cucharadas de aceite y una de vinagre y mezclar. Páselas a un bol pequeño.

Cueza los huevos durante 10-12 minutos, escúrralos y refrésquelos con agua fría. Después pélelos y rállelos.

Mezcle los tomates, el perejil y las alcaparras en un bol pequeño y sazone con sal y pimienta.

Ponga la cucharada restante de aceite en la sartén accesoria de la air fryer y precaliéntela durante 1 minuto.

Salpimiente los filetes de atún y añádalos a la sartén.

Cocínelos durante 2-3 minutos a 190 °C, luego deles la vuelta y cocínelos durante 2-3 minutos más. El atún debe estar hecho por fuera pero todavía un poco rosado en el centro.

Sirva el atún caliente, cubierto con la mezcla de tomate, el huevo rallado y la mezcla de aceitunas.

2 RACIONES

calorías: 503

grasas: 33 g

grasas saturadas: 5,9 g

azúcar: 3 g

sal: 2,7 g

Chermoula de pescado con cuscús

*Preparación: 15 min +
10 min de marinado*

Cocinado: 6-10 min

Chermoula es una palabra árabe que designa un adobo típico de las cocinas norteafricanas de Argelia, Marruecos y Túnez.

50 g	cilantro fresco
1	cucharadita de comino molido
¼	cucharadita de pimienta de cayena
1	cucharadita de pimentón
2	dientes de ajo machacados
3	cucharadas de aceite de oliva virgen extra
3	cucharadas de zumo de limón fresco
	sal marina y pimienta negra recién molidas
4	filetes de pescado blanco firme (bacalao, pargo, rape...) de unos 150 g cada uno
350 g	cuscús instantáneo
500 ml	agua hirviendo
250 g	tomates cherry picados
	gajos de limón, para servir

RACIONES

Para preparar la chermoula, mezcle el cilantro, el comino, la pimienta de cayena, el pimentón, el ajo, 2 cucharadas de aceite, el zumo de limón, la sal y la pimienta en un robot de cocina. Tritúrelo todo hasta que quede bien mezclado.

Vierta la mezcla en un plato llano. Añada el pescado a la chermoula. Dele la vuelta para que se impregne bien. Dejar marinando durante 10 minutos.

Ponga el cuscús en un bol resistente al calor. Vierta el agua hirviendo por encima. Tápelo y resérvelo hasta que se absorba el agua, unos 5 minutos. Remuévalo con un tenedor para separar los granos. Añada la cucharada de aceite restante y salpiméntelo. Añada los tomates cherry y resérvelo.

Saque el pescado de la chermoula y colóquelo en la cesta de la freidora en una sola capa. Rocíe con la chermoula que quede en el plato.

Cocine el pescado a 190 °C hasta que esté tierno, entre 6 y 10 minutos, dependiendo del tipo de pescado y de su grosor. Dele la vuelta con cuidado a los 4 minutos de cocción. Compruebe si está bien hecho.

Sirva el pescado caliente, con el cuscús y los gajos de limón.

calorías: 534

grasas: 12 g

grasas saturadas: 1,7 g

azúcar: 4,3 g

sal: 0,74 g

Carnes

La freidora de aire es ideal para cocinar carnes. Solo tiene que rebozar unos muslos o alitas de pollo en una mezcla de sal y especias, o mojarlos en su salsa barbacoa favorita, y meterlos en la freidora de aire durante 10-15 minutos. En el tiempo que se tarda en preparar una ensalada, el pollo está hecho a la perfección. La ternera, el cordero y el cerdo también son fáciles y rápidos de preparar en la air fryer.

Hamburguesa de pollo y queso azul (vea la receta en la página 123)

Pollo empanado a la mostaza

Preparación: 15 min +
2 h de marinado

Cocinado: 32-40 min

La guarnición de pasas de Corinto y cebollas encurtidas combina a la perfección con la mostaza del empanado de este pollo.

90 g	mostaza de Dijon
3	yemas de huevo de corral
3	cucharadas de agua fría
750 g	alitas de pollo sin piel (solo la parte intermedia de la alita)
30 g	pasas de Corinto
120 ml	agua caliente
200 g	panko
505 g	pan rallado seco fino escamas de sal marina

	pimienta negra recién molida
2	cucharadas de aceite de oliva virgen extra y algo más para rociar o pincelar
4	cebollitas encurtidas cortadas en rodajas finas
¼	taza de hojas frescas de perejil de hoja plana
¼	taza de hojas frescas de corazón de apio (opcional)

4 RACIONES

Mezcle la mostaza, las yemas de huevo y el agua en un bol grande y bátalos. Añada el pollo y remuévalo hasta impregnarlo por completo. Cubra el cuenco con papel film y déjelo marinar en el frigorífico durante 2 horas.

Mientras tanto, ponga las pasas de Corinto y el agua caliente en un cuenco pequeño y déjelas en remojo. Aparte, mezcle el panko y el pan rallado fino en un cuenco poco profundo. Sazone con sal y pimienta.

Saque el pollo de la marinada, escurra el exceso y páselo por la mezcla de pan rallado.

Pinte con aceite la cesta de la freidora.

Coloque la mitad del pollo en una sola capa y cocínelo a 200 °C durante 10 minutos. Con unas pinzas, dé la vuelta al pollo con cuidado y cocínelo hasta que esté bien hecho y dorado, de 8 a 10 minutos más. Mantener caliente mientras se cocina el pollo restante de la misma manera.

Escurra las pasas de Corinto y mézclelas con las cebollas encurtidas, el perejil y las hojas de apio en un bol pequeño. Rocíe con aceite, sazone con sal y pimienta al gusto y mezcle suavemente.

Coloque las alitas de pollo en una fuente de servir. Espolvoree con el perejil por encima y sírvalo inmediatamente.

calorías: 592

grasas: 19 g

grasas saturadas: 3,8 g

azúcar: 10 g

sal: 3 g

Pollo crujiente con costra de parmesano y piñones

Preparación: 15 min

Cocinado: 20-30 min

Estos filetes son estupendos servidos calientes para el almuerzo o la cena, pero también están muy buenos a temperatura ambiente, en bocadillo o para llevar de picnic.

2	huevos de corral
600 g	pechuga de pollo cortada en filetes finos
75 g	pan rallado fino y seco
2	cucharadas de perejil fresco finamente picado
4	cucharadas de queso parmesano recién rallado
60 g	piñones picados gruesos con un cuchillo grande

sal marina y pimienta negra recién molidas

aceite de oliva virgen extra, para rociar o pincelar

RACIONES

Bata los huevos en un bol. En otro bol mezcle el pan rallado, el perejil, el parmesano, los piñones, la sal y la pimienta.

Sumerja el pollo en el huevo, cubriéndolo bien. Pase cada filete por la mezcla de pan rallado, dándole la vuelta para cubrirlo y presionando para que la mezcla de pan se adhiera bien.

Rocíe la cesta con aceite. Coloque la mitad del pollo en la freidora de aire en una sola capa y cocínelo a 200 °C hasta que esté tierno y dorado, de 10 a 15 minutos, dependiendo del grosor de los filetes.

Dé la vuelta al pollo con cuidado una vez hacia la mitad del tiempo de cocinado. Compruebe que el pollo esté bien hecho; no debe verse la carne rosada. Mantenga caliente mientras cocina el resto del pollo de la misma manera.

Servir caliente o a temperatura ambiente.

calorías: 413

grasas: 19 g

grasas saturadas: 3,8 g

azúcar: 1,8 g

sal: 1,3 g

Muslitos de pollo crujientes y especiados

Este plato es muy fácil de preparar y está buenísimo. Solo tiene que rociar el pollo con un poco de aceite, sazonarlo con una mezcla de sus hierbas y especias favoritas y salpimentarlo. Después de unos 20 minutos en la freidora de aire tendrá un pollo tierno y apetitoso listo para servir. Es ideal para dietas bajas en carbohidratos; solo tiene que añadir una ensalada y tendrá una comida completa.

Preparación: 10 min

Cocinado: 18-20 min

9	muslos de pollo, aproximadamente 1 kg
2	cucharadas de aceite de oliva virgen extra
1	diente de ajo picado
1	cucharadita de sal marina en escamas
1	cucharadita de pimienta negra recién molida
1	cucharadita de pimentón
½	cucharadita de comino molido

Mezcle la sal, la pimienta, el ajo, el pimentón y el comino en un bol pequeño. Reservar.

Coloque el pollo en un bol mediano y rocíelo con el aceite de oliva. Remueva para cubrir todo el pollo. Espolvorear con la mezcla de hierbas y especias, dando vueltas en el aceite para cubrirlos bien.

Coloque los muslos en la cesta de la freidora de aire y cocine durante 10 minutos a 200 °C. Dé la vuelta a los muslos y cocínelos hasta que estén bien hechos y dorados, 8-10 minutos más. Servir calientes.

3 RACIONES

calorías: 467

grasas: 36 g

grasas saturadas: 8,7 g

azúcar: 0 g

sal: 2,1 g

Hamburguesa de pollo con pesto casero

Preparación: 15 min

Cocinado: 14-17 min

La mezcla de pan y leche en estas hamburguesas ayuda a mantenerlas húmedas durante el cocinado. No deje de utilizarlos.

	pesto casero (véase la receta de la página 126)
600 g	pechuga de pollo picada
1	rebanada de pan de molde blanco, sin corteza, desmenuzada
1 ½	cucharadas de leche
	sal marina y pimienta negra recién molidas al gusto
2	tomates grandes, cortados en rodajas de 1 cm de grosor

4	panes de hamburguesa integrales, partidos por la mitad
50 g	rúcula u otras hojas para ensalada
60 g	queso parmesano en escamas

RACIONES

Mezcle 2 cucharadas de pesto con el pollo, el pan y la leche en un bol. Sazonar con sal y pimienta y mezclar bien. Forme cuatro hamburguesas iguales.

Unte las hamburguesas por todos lados con un poco del pesto. Colóquelas en la cesta de la air fryer y cocínelas a 190 °C hasta que estén hechas, entre 12 y 14 minutos. Dé la vuelta a las hamburguesas aproximadamente a la mitad del cocinado. Compruebe que la carne esté completamente hecha; no debe haber ninguna parte de color rosa en la carne de pollo al servirla.

Tueste ligeramente los bollos en la freidora de aire, 2-3 minutos a 200 °C. Ponga en una parte de los panecillos la rúcula, el tomate y un poco de pesto, coloque encima las hamburguesas y cubra con más pesto, las escamas de parmesano y la otra parte del pan.

Servir caliente.

calorías: 268

grasas: 12 g

grasas saturadas: 4,9 g

azúcar: 4,9 g

sal: 1,3 g

Minihamburguesas de pollo con mayonesa de lima

Preparación: 15 min

Cocinado: 10-12 min

Servidas en pequeños panes de hamburguesa resultan bonitas y divertidas y los niños suelen disfrutar de su tamaño más pequeño. Si lo prefiere, puede hacer cuatro hamburguesas de tamaño normal y servirlas en panes de hamburguesa normales.

Para la mayonesa de lima

120 ml mayonesa

2   cucharaditas de ralladura fina de cáscara de lima

2   cucharadas de zumo de lima fresco

Para las minihamburguesas

1   trozo de jengibre fresco de 2,5 cm, pelado y finamente picado

2   cucharaditas de garam masala

2   cebolletas picadas finamente

600 g filetes de pechuga de pollo picados

½   taza de hojas de cilantro fresco

1-2   cucharadas de aceite de cacahuete

1   rebanada de pan de molde blanco, sin corteza, desmenuzada

1 ½   cucharadas de leche

2   dientes de ajo picados

50 g   hojas de ensalada baby

8   minipanecillos de hamburguesa o panecillos de pan

RACIONES

Mezcle la mayonesa, la ralladura de lima y el zumo de lima en un bol. Tápelo y póngalo a enfriar hasta el momento de servir.

Mezcle el pollo, el pan, la leche, el ajo, el jengibre, el garam masala, las cebolletas y el cilantro en un robot de cocina. Forme ocho hamburguesas pequeñas y uniformes.

Rocíe las hamburguesas con aceite por todas partes. Colóquelas en la cesta y cocínelas a 190 °C entre 10 y 12 minutos. Deles la vuelta a la mitad del tiempo de cocinado. Compruebe que la carne esté completamente hecha; no debe haber restos de color rosa en la carne de pollo al servirla.

Unte cada base de minipanecillo con la mayonesa de lima. Ponga encima las hojas de ensalada y las hamburguesas. Cubrir con la mayonesa restante y tapar con el pan. Servir caliente.

calorías: 454

grasas: 29 g

grasas saturadas: 3,5 g

azúcar: 3 g

sal: 0,79 g

Hamburguesa de pollo y queso azul

El pollo y el queso azul son deliciosos juntos. Elija un roquefort o gorgonzola de calidad y obtendrá los mejores resultados.

Preparación: 15 min + 1 h de reposo

Cocinado: 14-17 min

600 g	pechuga de pollo
1	cebolla pequeña finamente picada
1	cucharadita de mostaza de Dijon
150 ml	crema agria
1	rebanada de pan de molde blanco, sin corteza, desmenuzada
1	cucharada de kétchup
	el zumo recién exprimido de 1 limón grande y fresco y la ralladura fina de su cáscara
	sal marina y pimienta negra recién molida
1	cebolla roja cortada en rodajas finas
2	cucharadas de aceite de oliva virgen extra
4	panecillos de hamburguesa, partidos por la mitad
50 g	berros o rúcula
1	aguacate cortado en rodajas finas
100 g	queso azul desmenuzado

Pique la pechuga de pollo en un robot de cocina. Pásela a un bol y añada la cebolla picada fina, la mostaza, 3 cucharadas de nata agria, el pan de molde, el kétchup y la ralladura de limón. Sazonar con sal y pimienta. Forme cuatro hamburguesas iguales. Dejar enfriar en el frigorífico durante 1 hora.

Mezcle la cebolla roja con el zumo de limón en un bol. Reservar.

Pinte las hamburguesas con aceite por todas partes. Colóquelas en la cesta y cocínelas a 190 °C entre 12 y 14 minutos. Deles la vuelta a la mitad del tiempo de cocinado. Compruebe que la carne esté completamente hecha; no debe haber restos de color rosa en la carne de pollo al servirla.

Tueste ligeramente los bollos en la freidora de aire, 2-3 minutos a 200 °C. Untar la parte inferior de los panecillos con la crema agria restante y cubrir con los berros, las hamburguesas, el aguacate, la cebolla roja y el queso azul. Tape con la parte superior de los panes de hamburguesa y sírvalas calientes.

4 RACIONES

calorías: 598

grasas: 31 g

grasas saturadas: 12 g

azúcar: 8,5 g

sal: 2 g

Alitas de pavo al estilo cajún

El cajún es un estilo de cocina que debe su nombre a los inmigrantes acadios o «cajún» de habla francesa que fueron expulsados por los británicos de Acadia (Canadá) y se trasladaron a Luisiana a finales del siglo XVIII. El especiado cajún suele ser bastante picante, pero se puede adaptar la cantidad de pimentón al gusto.

Preparación: 10 min

Cocinado: 25 min

Para las mezcla de especias cajún

1	cucharada de orégano seco
1	cucharada de ajo en polvo
1	cucharada de pimentón picante
2	cucharaditas de cebolla en polvo
2	cucharaditas de cilantro molido
1	cucharadita de comino molido
1	cucharadita de pimienta de cayena

Para el pavo

4	alitas de pavo
1-2	cucharadas de aceite de oliva virgen extra o aceite de sésamo
	yogur griego natural y alguna salsa de su elección para servir

Mezcle el orégano, el ajo en polvo, el pimentón, la cebolla en polvo, el cilantro, el comino y la cayena en una bolsa de plástico grande con cierre y agítela para mezclarlos.

Unte las alitas de pavo con el aceite. Coloque dos alitas a la vez en la bolsa de especias, ciérrela y agítela para cubrirlas. Páselas a un plato y repita la operación con las alitas restantes.

Coloque las alitas de pavo en la cesta de la freidora de aire y cocínelas a 190 °C durante 12 minutos. Con unas pinzas, dé la vuelta con cuidado a las alitas de pavo y cocine otros 13 minutos, hasta que el pavo esté crujiente por fuera y bien hecho por dentro.

Servir calientes, con el yogur y la salsa elegida.

2

RACIONES

calorías: 417

grasas: 28 g

grasas saturadas: 6,7 g

azúcar: 0 g

sal: 0,25 g

Brochetas de pollo con pesto

Preparación: 15 min

Cocinado: 15 min

El pesto y el pollo están deliciosos juntos en este sencillo plato. Sírvalo con una ensalada mixta y tendrá una comida o cena baja en carbohidratos.

Para el pesto

30 g	piñones, ligeramente tostados
2	dientes de ajo, picados en trozos grandes
60 g	queso parmesano recién rallado
120 ml	aceite de oliva virgen extra
100 g	hojas de albahaca
	sal marina y pimienta negra recién molidas

Para las brochetas de pollo

2	pechugas de pollo deshuesadas y sin piel, aproximadamente 500 g
	sal marina recién molida y pimienta negra
3	cucharadas de miel líquida, calentada
60 g	láminas de almendra picadas

RACIONES

Ponga los piñones y el ajo en un robot de cocina y triture hasta obtener una pasta gruesa.

Añada el queso y la mitad del aceite y bátalo para mezclar. Añada las hojas de albahaca y bata de nuevo, parando de vez en cuando para rascar los lados, hasta que quede bien mezclado. Añada poco a poco el aceite restante y vuelva a batir hasta obtener una pasta homogénea. Sazone con sal y pimienta y resérvela en un bol hasta que vaya a utilizarla.

Parta 8 brochetas de bambú por la mitad.

Corte cada pechuga de pollo en 8 tiras largas y finas.

Mezcle el pollo con el pesto en un bol. Sazone con sal y pimienta y ensarte una tira de pollo en cada brocheta corta, pasando la brocheta a través del pollo 2-3 veces.

Coloque las brochetas en la freidora de aire y cocínelas a 180 °C hasta que estén hechas, unos 15 minutos. Dé la vuelta a las brochetas dos o tres veces durante la cocción para que se doren uniformemente.

Colóquelas en una fuente y rocíelas con la miel caliente. Espolvorear con las almendras y servir calientes.

calorías: 742

grasas: 56 g

grasas saturadas: 9,9 g

azúcar: 12 g

sal: 1,2 g

Pollo yakitori sencillo

Este clásico plato japonés de pollo a la parrilla se prepara a la perfección en una freidora de aire. Hay infinitas variaciones de la receta básica. Hemos añadido cebolletas para equilibrar el pollo, pero también se pueden utilizar tomates cherry pequeños, champiñones o espárragos.

Preparación: 15 min + 1 h de reposo

Cocinado: 12-14 min

Para la salsa tare
60 ml shoyu (salsa de soja japonesa)
3   cucharadas de sake
2   cucharadas de mirin (vino de arroz)
1 ½   cucharadas de azúcar moreno

Para el pollo yakitori
500 g muslos de pollo fileteados y sin piel
4   cebolletas
2   cucharadas de aceite vegetal

Mezcle el shoyu, el sake, el mirin y el azúcar moreno en un cazo pequeño y llévelo a ebullición. Baje el fuego y cueza a fuego lento hasta que el azúcar se haya disuelto y la salsa haya espesado ligeramente, unos 2 minutos.
Pásela a un bol pequeño y déjela enfriar.
Corte el pollo en dados de 2 cm. Recorte la parte superior verde oscura de las cebolletas y corte las partes blanca y verde clara en trozos de 2-5 cm. Ensarte el pollo y las cebolletas alternativamente en brochetas cortas de metal o bambú. Úntelas con la mitad de la salsa, tápelas y deje enfriar durante 1 hora. Pasado ese tiempo, coloque las brochetas en la cesta de la freidora y cocínelas durante 5 minutos a 200 °C. Sáquelas y úntelas con la salsa restante. Vuelva a colocarlas en la freidora y cocínelas hasta que estén tiernas y hechas, entre 5 y 7 minutos más.
Sírvalas calientes.

3
RACIONES

calorías: 436
grasas: 22 g
grasas saturadas: 5,1 g
azúcar: 7 g
sal: 3 g

Chuleta de ternera con salsa de anchoas y patatas fritas

Preparación: 15 min

Cocinado: 30 min

Las patatas fritas tardan más tiempo en cocinarse que la carne. Por eso, cocínelas primero y manténgalas calientes en un horno. La carne estará lista en 8-10 minutos.

Para las patatas fritas

3	patatas medianas, peladas y cortadas en bastones bastante finos
	sal marina y pimienta negra recién molida
½	cucharadita de ajo en polvo
1 ½	cucharadas de aceite de oliva virgen extra

Para las chuletas de ternera

4	chuletas finas de lomo de ternera, con hueso, de unos 100 g cada una
50 g	harina de todo uso
1	huevo de corral
	escamas de sal marina
75 g	pan rallado seco fino
1-2	cucharadas de aceite de oliva virgen extra
2	cucharadas de mantequilla sin sal
½	cucharadas de pasta de anchoas

RACIONES

Ponga las patatas en un bol. Sazónelas con la sal, la pimienta y el ajo. Rocíelas con el aceite y remueva bien para cubrir las patatas por todas partes.

Coloque las patatas en la cesta de la freidora de aire y cocínelas a 200 °C durante 20 minutos, hasta que estén crujientes y doradas. Sacuda la cesta un par de veces durante el cocinado. Resérvelas en el horno.

Haga pequeños cortes en los bordes de las chuletas de ternera para evitar que se curven durante el cocinado. Páselas ligeramente por la harina, sacudiendo el exceso, luego por el huevo batido y, por último, por el pan rallado, procurando que se adhiera bien a las chuletas.

Rocíe las chuletas de ternera con un poco de aceite y colóquelas en la cesta de la freidora de aire. Cocínelas a 200 °C hasta que la carne esté hecha, unos 8 minutos. El pan rallado debe estar dorado y crujiente. Dé la vuelta a las chuletas de ternera una vez a los 5 minutos de cocción.

Prepare la salsa de anchoas derritiendo la mantequilla en una cacerola pequeña a fuego lento. Incorpore la pasta de anchoas y mezcle hasta tener una pasta untuosa. Viértala sobre las chuletas y sírvalas calientes con las patatas fritas.

calorías: 1.038

grasas: 51 g

grasas saturadas: 17 g

azúcar: 4,5 g

sal: 2,7 g

Hamburguesas con cebolla caramelizada

Preparación: 15 min

Cocinado: 40-50 min

Estas hamburguesas gourmet tienen un aspecto impresionante, ¡y saben aún mejor! Las cebollas caramelizadas añaden un toque especial, pero tardan un poco en cocinarse. Si tiene poco tiempo, sustitúyalas por cebollas fritas crujientes ya preparadas.

Para las cebollas caramelizadas

1	cucharada de aceite de oliva virgen extra
1	cebolla mediana, cortada en rodajas finas

Para las hamburguesas

1	cucharada de aceite de oliva virgen extra
1	cebolla roja pequeña picada finamente
1	diente de ajo picado
350 g	carne picada de vacuno
1	salchicha de cerdo fresca, aproximadamente 100 g, sin la tripa.
40 g	pan rallado fino y seco
1	huevo de corral pequeño
1	cucharada de kétchup picante
1	cucharada de perejil fresco finamente picado
1	cucharadita de mostaza
½	cucharadita de orégano seco
	sal marina en escamas
	pimienta negra recién molida

Para servir

4	lonchas gruesas de bacon
4	panes de hamburguesa
8	hojas de lechuga
8	rodajas de tomate
8	lonchas finas de queso gouda o suizo
	remolacha roja, en rodajas
	chutney de tomate
	mostaza

RACIONES

Caliente el aceite en una sartén de fondo grueso a fuego lento. Añada la cebolla, tape la sartén y cocínela a fuego muy lento hasta que esté dorada y caramelizada, de 20 a 30 minutos.

Mientras tanto, ponga a calentar aceite en otra sartén a fuego medio. Añada la cebolla roja y el ajo y saltee hasta que se ablanden, 3-4 minutos. Deje que se enfríe un poco y mézclelo en un bol con la carne de vacuno, la carne de la salchicha, el pan rallado, el huevo, el kétchup, el perejil, la mostaza y el orégano. Salpimiente y mezcle bien.

Forme cuatro hamburguesas iguales y refrigérelas hasta el momento de cocinarlas.

Cocine las hamburguesas en la air fryer a 180 °C hasta que estén a su gusto, de 8 a 10 minutos. Retire las hamburguesas y déjelas reposar bajo papel de aluminio. Ponga el beicon en la freidora de aire y cocínelo hasta que esté crujiente, unos 7 minutos. Reservar.

Tueste ligeramente los panecillos en la freidora, 2-3 minutos.

Coloque en las bases de los panecillos la lechuga, el tomate, el queso, las hamburguesas, la remolacha, el beicon y la cebolla caramelizada. Unte la parte superior del pan con mostaza, colóquela y sirva la hamburguesa caliente.

calorías: 632

grasas: 39 g

grasas saturadas: 16 g

azúcar: 8,7 g

sal: 2,9 g

Tacos de ternera con pico de gallo

*Preparación: 15 min +
4-12 h de marinado*

Cocinado: 13-18 min

Estos tacos son una estupenda comida informal entre amigos o con la familia.

Para la carne

500 g	filete de falda de ternera
2	dientes de ajo picados
1-2	chiles serranos o jalapeños, al gusto
½	cucharadita de comino molido
½	cucharadita de cilantro molido
½	cucharadita de orégano seco
½	cucharadita de sal marina en escamas
½	cucharadita de pimienta negra recién molida
60 ml	aceite de oliva virgen extra
3	cucharadas de zumo de lima fresco

Para la salsa pico de gallo

½	cebolla roja cortada en rodajas finas
2	limas exprimidas
6	tomates maduros cortados en dados finos
1	chile serrano o jalapeño finamente picado
1	diente de ajo machacado
	un puñado grande de cilantro fresco picado grueso
	sal marina y pimienta negra recién molida
9	tortillas de maíz (de unos 15 cm de diámetro) calientes
	salsa picante roja o verde, para servir

Ponga el filete de ternera en un plato llano. Añada el ajo, los chiles, el comino, el cilantro, el orégano, la sal, la pimienta, el aceite de oliva y el zumo de lima y remueva bien. Tápelo y déjelo marinar en el frigorífico durante 4 horas o toda la noche.

Para preparar la salsa, mezcle la cebolla con el zumo de una de las limas en un bol pequeño. Tápelo y déjelo reposar 30 minutos para que se encurta.

Pasado ese tiempo, escúrrala y mézclela con los tomates, el chile, el ajo y el cilantro en un bol. Añada el zumo de lima restante y remueva para mezclar. Sazone con sal y pimienta y reserve.

Saque el filete de la marinada y colóquelo en la cesta de la freidora. Cocínelo a 200 °C hasta que esté a su gusto, unos 13 minutos para poco hecho y 18 minutos para término medio. Dele la vuelta a mitad del tiempo de cocinado.

Ponga el filete en una tabla de cortar, cúbralo con papel de aluminio y déjelo reposar 5 minutos. Córtelo en lonchas finas a contrapelo.

Para montar los tacos, coloque las lonchas de ternera en el centro de las tortillas, ponga un poco de pico de gallo y cubra con salsa picante al gusto. Doble los lados hacia arriba para comer con las manos.

3 RACIONES

calorías: 710

grasas: 35 g

grasas saturadas: 9,9 g

azúcar: 11 g

sal: 2,4 g

Perritos calientes con chimichurri y salsa criolla

En Europa, las salchichas suelen ser curadas o ahumadas, pero las de estos perritos calientes sudamericanos son frescas y requieren cocción.
Las salchichas frescas de buena calidad al estilo italiano funcionan igual de bien.

Preparación: 15 min

Cocinado: 15 min

Para la salsa criolla

2	cebollas rojas grandes cortadas en rodajas finas
90 ml	zumo de lima fresco
60 ml	aceite de oliva virgen extra
	un puñado pequeño de hojas frescas de cilantro picadas gruesas
	sal marina y pimienta negra recién molidas

Para el chimichurri

60 ml	aceite de oliva
2	cucharadas de vinagre de vino blanco
2	dientes de ajo machacados
½	cucharadita de sal marina en escamas
½	cucharadita de guindilla molida, o al gusto
3	puñados grandes de perejil fresco de hoja plana finamente picado
1	puñado pequeño de hojas de orégano fresco finamente picadas
2	cebolletas picadas finas

Para las salchichas

4	salchichas frescas
4	panecillos largos y crujientes, cortados a lo largo

4 RACIONES

Para la salsa criolla, mezcle las cebollas y el zumo de lima en un bol pequeño y déjelas reposar durante 10 minutos. Añada el aceite de oliva y el cilantro y remueva para mezclar. Sazone con sal y pimienta y reserve.

Prepare ahora el chimichurri. Ponga el aceite de oliva, el vinagre, el ajo, la sal y la guindilla en un bol pequeño y remueva. Añada el perejil, el orégano y las cebolletas y mezcle bien. Resérvelo.

Forre la base de la cesta de la freidora de aire con un papel de horno perforado.

Ponga las salchichas y cocínelas a 190 °C, dándoles la vuelta con frecuencia, hasta que estén crujientes por fuera, unos 15 minutos.

Saque las salchichas de la freidora. Córtelas por la mitad a lo largo y ábralas como una mariposa.

Para el montaje, unte el chimichurri dentro de los panecillos, coloque las salchichas encima y termine con la salsa criolla. Sírvalos calientes.

calorías: 605

grasas: 43 g

grasas saturadas: 10 g

azúcar: 8,8 g

sal: 2,2 g

Satay de ternera con salsa de cacahuete picante

*Preparación: 15 min
+ 1 h de marinado*

Cocinado: 20 min

La ternera y la salsa de cacahuete combinan muy bien, como demuestra este delicioso plato indonesio. Añada más o menos chile según lo picante que le guste la comida.

RACIONES

Para la carne y el adobo	
1	cucharada de semillas de cilantro
2	cucharaditas de semillas de comino
1	cucharadita de pimienta negra en grano
1	cebolla pequeña picada gruesa
1	chile rojo pequeño sin semillas y finamente picado
2	dientes de ajo picados
1	cucharadita de jengibre finamente rallado
1	cucharadita de cúrcuma molida
1	cucharadita de sal
1	cucharadita de azúcar
2	cucharadas de aceite de cacahuete
2	cucharadas de salsa de soja
2	cucharadas de zumo de lima fresco
600 g	filetes de cadera de ternera, cortados en tiras de 2 cm de ancho.

Para la salsa de cacahuete picante	
1	cucharada de aceite de cacahuete
2	chalotas moradas finamente picadas
4	dientes de ajo picados
2	guindillas rojas sin semillas y finamente picadas
1	cucharada de jengibre finamente rallado
1	cucharadita de pimentón dulce
180 g	mantequilla de cacahuete crujiente
250 ml	leche de coco
3	cucharadas de azúcar de palma o azúcar moreno claro
60 ml	zumo de lima fresco
2	cucharadas de salsa de pescado tailandesa
1	cucharada de salsa de soja

Sofría el cilantro, el comino y los granos de pimienta en una sartén pequeña a fuego medio-bajo hasta que desprendan aroma, aproximadamente 1 minuto. Páselos a un mortero o molinillo de especias y mézclelos hasta obtener un polvo fino.

Mezclar el polvo de especias con la cebolla, el chile, el ajo, el jengibre, la cúrcuma, la sal y el azúcar en un mortero o robot de cocina y triturar hasta obtener una pasta gruesa. Añadir poco a poco el aceite de cacahuete, la salsa de soja y el zumo de lima, mezclando hasta obtener una pasta homogénea. Ensarte la carne en brochetas cortas de bambú o metal. Unte con la marinada, tape y refrigere durante 1 hora.

Mientras tanto, prepare la salsa de cacahuete. Caliente el aceite en una cacerola mediana a fuego medio-bajo, añada las chalotas, el ajo, los chiles y el jengibre y saltee hasta que se ablanden, 3-4 minutos. Incorporar el pimentón, la mantequilla de cacahuete, la leche de coco y el jengibre y llevar a ebullición.

Baje el fuego, añada el zumo de lima, la salsa de pescado y la salsa de soja y deje cocer a fuego lento hasta que espese, unos 10 minutos. Manténgalo caliente.

Unte de nuevo las brochetas con la marinada. Coloque las brochetas en la cesta de la freidora y cocínelas a 200 °C hasta que estén a su gusto, unos 10 minutos. Dé la vuelta a las brochetas un par de veces durante la cocción. Sírvalas calientes con la salsa de cacahuete picante.

calorías: 737

grasas: 47 g

grasas saturadas: 9,8 g

azúcar: 24 g

sal: 6 g

Chuletas de cordero con espárragos y hierbas de Provenza

En el cálido clima mediterráneo de la Provenza, en el sur de Francia, crece una gran variedad de hierbas que son ingredientes esenciales de muchos platos clásicos provenzales. Hoy en día se venden mezclas de hierbas conocidas como «hierbas de Provenza», pero usted puede preparar las suyas propias en casa.

Preparación: 15 min

Cocinado: 16-17 min

Para las hierbas de Provenza

2	cucharaditas de mejorana seca
2	cucharaditas de tomillo seco
2	cucharaditas de ajedrea seca
1	cucharadita de romero seco
1	cucharadita de lavanda seca
¼	cucharadita de salvia seca
¼	cucharadita de semillas de hinojo secas y ligeramente machacadas

Para las chuletas de cordero

1-2	cucharadas de aceite de oliva virgen extra + algo más para pincelar
1	diente de ajo finamente picado
8	chuletas de cordero medianas recortadas (sin la falda)
	sal marina y pimienta negra recién molida
1-2	manojos de espárragos frescos de acompañamiento

Ponga todas las hierbas en un bol pequeño. Mezclar bien y reservar.

Aparte, mezcle el aceite y el ajo en un bol pequeño y frote con ello las chuletas. Espolvoréelas con las hierbas de Provenza y sazónelas con sal y pimienta.

Ponga cuatro chuletas de cordero en la cesta de la freidora en una sola capa y cocínelas a 200 °C durante 5 minutos para que queden poco hechas. Todavía estarán rosadas por dentro, así que cocínelas un poco más si le gustan bien hechas.

Manténgalas calientes mientras cocina las chuletas restantes de la misma manera.

Páselas a una tabla o fuente, cúbralas con papel de aluminio y déjelas reposar durante 10 minutos.

Mientras tanto, rocíe los espárragos con un poco de aceite y sazónelos con sal. Póngalos en la freidora y cocínelos a 200 °C durante 6-7 minutos, hasta que estén crujientes y bien hechos. Agitar la sartén a mitad del cocinado.

Sirva las chuletas de cordero calientes, con los espárragos.

4 RACIONES

calorías: 452

grasas: 27 g

grasas saturadas: 11 g

azúcar: 2,7 g

sal: 0,85 g

Hamburguesas de cordero picantes en pan de pita

*Preparación: 15 min +
2-12 h para enfriar*

Cocinado: 18-20 min

Si lo desea, también puede servir estas sabrosas hamburguesas con un bol de refrescante tzatziki y una ensalada de tomate y pepino.

500 g	carne de cordero picada	2	cucharadas de aceite de oliva virgen extra
1-2	cucharaditas de pasta harissa, al gusto	150 g	queso feta desmenuzado
1-2	cucharaditas de puré de ajo	100 g	ensalada de hojas verdes variadas
1	cucharadita de comino molido	1	cebolla roja dulce, cortada en rodajas finas
	sal marina y pimienta negra recién molida	4	panes de pita

RACIONES

Mezcle el cordero, la harissa, el puré de ajo y el comino en un bol. Salpimentar y mezclar bien. Forme cuatro hamburguesas iguales con esa mezcla.

Colóquelas en un plato, cúbralas y póngalas a enfriar durante al menos 2 horas, o toda la noche.

Pinte las hamburguesas con aceite por todas partes. Colóquelas en la cesta y cocínelas durante 10 minutos a 180 °C. Dé la vuelta a las hamburguesas y vuelva a meterlas en la freidora durante otros 7-8 minutos, hasta que estén hechas, doradas y a su gusto.

Coloque los panes de pita en la freidora de aire para calentar, 1-2 minutos.

Abra cada pan de pita caliente y rellénelo con una hamburguesa de cordero, un poco de queso feta, ensalada verde, cebolla y pasta harissa adicional, si lo desea. Sírvalas calientes.

calorías: 568

grasas: 31 g

grasas saturadas: 14 g

azúcar: 2,7 g

sal: 3 g

Costillar de cordero al estilo indio

Preparación: 15 min +
2 h de marinado

Cocinado: 18-20 min

Masala significa mezcla de especias en la cocina india y otras cocinas del sur de Asia. Si no tiene un molinillo de especias o un pequeño robot de cocina para moler y picar las especias, el jengibre y las guindillas, puede machacarlas con un mortero.

Para la pasta masala

½	rama de canela partida
2	cucharaditas de semillas de cilantro
2	cucharaditas de semillas de comino
1	cucharadita de semillas de cardamomo
4	dientes de ajo, picados en trozos grandes
1	trozo de jengibre (1 cm), pelado y picado grueso
2	guindillas verdes largas picadas gruesas
1	cucharadita de cúrcuma molida

90 ml	yogur natural
2	cucharadas de zumo de limón fresco
2	cucharadas de aceite de oliva virgen extra
	sal marina en escamas

Para el cordero

1	costillar de cordero, de unos 500 g recortado (sin la falda)
2	cucharaditas de aceite de oliva virgen extra
	sal marina y pimienta negra recién molidas

RACIONES

Para preparar la pasta masala, fría la canela en rama, el cilantro, el comino y las semillas de cardamomo en una sartén pequeña a fuego lento hasta que desprendan aroma, aproximadamente 1 minuto. Páselas a un molinillo de especias y tritúrelas hasta que queden finamente molidas.

Ponga el ajo, el jengibre y los chiles en un robot de cocina y tritúrelos hasta que queden bien picados. Añada las especias molidas y la cúrcuma y mézclelo. Páselo a un cuenco, añada el yogur, el zumo de limón y el aceite, y remuévalo todo. Sálelo y reserve.

Pinte el costillar de cordero con el aceite y salpiméntelo. Úntelo bien con la pasta masala, cúbralo y refrigérelo durante 2 horas.

Pasado este tiempo coloque el cordero en la cesta de la freidora con el lado de la «grasa» hacia arriba.

A medida que la carne se vaya cocinando, la grasa se escurrirá por la carne, manteniéndola tierna y evitando que se seque.

Cocínelo a 165 ºC durante 10 minutos o hasta que esté a su gusto. El cordero se cocina rápidamente en la freidora, así que no lo pierda de vista.

Saque la carne de la cesta, cúbrala ligeramente con papel de aluminio y déjela reposar durante 10 minutos.

Corte el costillar por la mitad y sírvalo caliente.

calorías: 647

grasas: 55 g

grasas saturadas: 23 g

azúcar: 3,3 g

sal: 1,9 g

Kofta de cordero con salsa de tomate picante

Necesitará brochetas metálicas o de bambú cortas (15 cm) para preparar estas sabrosas «salchichas» de Oriente Medio.

Preparación: 15 min + 2 -12 h de marinado

Cocinado: 15-20 min

Para la salsa de tomate picante

250 ml puré de tomate (passata)

2	cucharadas de aceite de oliva virgen extra
1	cucharadita de pimentón picante
½	cucharadita de azúcar
¼	cucharadita de chile en polvo
	sal marina en escamas

Para las kofta

600 g	cordero picado (preferiblemente de paletilla o pierna)
½	cebolla pequeña rallada gruesa

50 g	pistachos picados gruesos
1 ¼	cucharadas de agua helada
2	cucharaditas de comino molido
½	cucharadita de sal marina en escamas
1	cucharadita de canela molida
1	cucharadita de pimienta negra recién molida
1	cucharadita de chile en polvo
	aceite de oliva virgen extra, para rociar

Mezclar el puré de tomate, el aceite, el pimentón, el azúcar y el chile en polvo en una cacerola pequeña y cocer a fuego lento hasta que espese y se reduzca, unos 15 minutos. Sazonar con sal y reservar.

Por otro lado, mezclar el cordero, la cebolla, los pistachos, el agua, el comino, la sal, la canela, la pimienta y el chile en polvo en un bol. Con las manos limpias, mezclar y amasar la mezcla hasta que las especias se distribuyan uniformemente y la mezcla esté ligeramente pegajosa. Cubrir y refrigerar durante al menos 2 horas, o toda la noche.

Dividir la mezcla de kofta en ocho porciones iguales. Con las manos limpias y húmedas, moldear en ocho brochetas para formar «salchichas» gruesas y aplanadas.

Rocíe las brochetas con aceite y colóquelas en la cesta, espaciándolas bien. Dependiendo del tamaño de su freidora de aire, puede que tenga que cocinarlas en dos tandas.

Cocínelas a 190 °C durante unos 10 minutos, o hasta que estén a su gusto. Dé la vuelta a las kofta con cuidado a los 7 minutos de cocción.

Sírvalas calientes con la salsa de tomate al lado.

4

RACIONES

calorías: 454

grasas: 33 g

grasas saturadas: 11 g

azúcar: 5 g

sal: 1 g

Pimientos rojos rellenos de arroz y cerdo

Preparación: 15 min

Cocinado: 35-40 min

Si lo desea, puede añadir un puñado de piñones y otro de pasas a la mezcla de arroz. Esto añadirá un delicioso toque dulce al plato.

200 g	arroz de grano corto, como bomba o de Calasparra
4	pimientos rojos medianos de un tamaño uniforme
1	cucharada de aceite de oliva virgen extra
1	cebolla pequeña finamente picada
250 g	carne de cerdo picada
1	tomate grande pelado y picado grueso
1	cucharada de perejil fresco finamente picado
½	cucharadita de azafrán
	sal en escamas recién molida

2 RACIONES

Cueza el arroz en una cacerola con agua ligeramente salada hasta que esté hecho, de 10 a 12 minutos, o según el tiempo indicado en el envase. Escurrir bien y reservar.

Corte los extremos superiores de los pimientos y guárdelos para utilizarlos más tarde como tapas. Raspar y desechar las semillas y el corazón con una cucharilla.

Caliente el aceite en una sartén grande a fuego medio. Añada la cebolla y rehóguela hasta que se ablande, 3-4 minutos. Añadir la carne y dorar ligeramente, 3-4 minutos más. Por último, agregue el tomate, el arroz, el perejil, el azafrán y la sal, mézclelo todo bien y retírelo del fuego.

Rellene con cuidado los pimientos con la mezcla de carne y arroz. Colóquelos en posición vertical en la cesta de la freidora de aire, cúbralos con las tapas y cocínelos a 180 °C durante 15-20 minutos, hasta que los pimientos estén blandos y hechos.

Servir calientes o a temperatura ambiente.

calorías: 694

grasas: 19 g

grasas saturadas: 5,6 g

azúcar: 15 g

sal: 1,2 g

Entrecot con mantequilla Café de París

Nuestra receta de la deliciosa mantequilla Café de París rinde mucho más de lo que necesitará para los filetes. Puede guardarla en el frigorífico hasta una semana o en el congelador hasta un mes. Resulta deliciosa con todo tipo de alimentos, desde pan, arroz y pasta hasta verduras, pescado y carnes a la parrilla,

Para la mantequilla Café de París

250 g	mantequilla salada, a temperatura ambiente
1	chalota finamente picada
1	cucharada de cebollino fresco finamente picado
1	cucharada de estragón fresco finamente picado
1	cucharada de perejil fresco finamente picado
1	diente de ajo finamente picado
2	cucharaditas de kétchup o salsa de tomate
2	cucharaditas de zumo de limón fresco
2	cucharaditas de brandy
1	cucharadita de salsa Worcestershire
1	cucharadita de mostaza de Dijon
1	cucharadita de alcaparras finamente picadas
2	filetes de anchoa finamente picados
½	cucharadita de pimentón dulce
¼	cucharadita de curry en polvo
	una punta de pimienta de cayena

Para el entrecot

2	entrecots de 250 g cada uno
	aceite de oliva virgen extra
	sal marina gruesa
	pimienta negra recién molida

2 RACIONES

Bata la mantequilla con el accesorio de pala de una batidora eléctrica hasta que esté blanda y cremosa. Añada la chalota, el cebollino, el estragón, el perejil, el ajo, el kétchup, el zumo de limón, el brandy, la salsa Worcestershire, la mostaza de Dijon, las alcaparras, las anchoas, el pimentón, el curry en polvo y la cayena. Bátalo todo bien.

Envuelva la mantequilla en un trozo de film transparente y dele forma de tronco, retorciendo y atando los extremos. Refrigere hasta que esté firme, al menos una hora. Guárdelo en el frigorífico hasta que lo necesite.

Rocíe la cesta con un poco de aceite. Pinte los filetes con aceite y salpiméntelos.

Colóquelos en la cesta de la freidora y cocínelos durante 7 minutos a 200 ºC. Deles la vuelta y cocínelos por el otro lado otros 7 minutos. Dependiendo del grosor de los filetes, en este momento estarán hechos «al punto».

Ponga los filetes en una tabla o fuente y cúbralos con una rodaja de la mantequilla preparada. Cúbralos sin apretar con papel de aluminio y déjelos reposar en un lugar cálido durante 5-10 minutos. Sírvalos calientes.

calorías: 808

grasas: 56 g

grasas saturadas: 28 g

azúcar: 0 g

sal: 0,93 g

Filete de buey con patatas asadas y salsa de champiñones y vino tinto

Este delicioso plato se prepara en unos 30 minutos, de principio a fin. Asegúrese de cortar las patatas en dados pequeños para que se asen rápidamente mientras el filete reposa y usted prepara la salsa. Si lo desea, sírvalo acompañado de una ensalada verde.

Preparación: 10 min

Cocinado: 25-30 min

Para los filetes

2	filetes de buey de 250 g cada uno
	aceite de oliva virgen extra, para rociar o pintar
	sal marina recién molida y pimienta negra

Para las patatas

500 g	patatas o 2 patatas para asar medianas-grandes, peladas y cortadas en dados pequeños
1	cucharada de aceite de oliva virgen extra
	hojas frescas de romero

Para la salsa de vino tinto y champiñones

1	cucharada de mantequilla sin sal
100 g	champiñones en rodajas finas
1	diente de ajo finamente picado
1	cucharadita de hojas frescas de romero finamente picadas
1	cucharada de harina común
250 ml	caldo de carne
60 ml	vino tinto seco

4 RACIONES

Rocíe la cesta con un poco de aceite. Pinte los filetes con aceite y salpimiéntelos.

Colóquelos en la cesta y cocínelos a 200 ºC durante 6-7 minutos. Deles la vuelta y cocínelos por el otro lado 6-7 minutos más. Dependiendo del grosor de los filetes, en este punto estarán casi «al punto».

Pase los filetes a una tabla o fuente, cúbralos con papel de aluminio y déjelos reposar durante 10 minutos en un lugar cálido.

Mientras se cocinan los filetes, mezcle las patatas cortadas en dados en un bol con el aceite y el romero. Sazonar con sal al gusto.

En cuanto los filetes estén fuera de la cesta de la freidora, añada las patatas y cocínelas a 200 ºC durante 10-12 minutos, hasta que estén tiernas y doradas. Agite la sartén una o dos veces durante el tiempo de cocción.

Mientras se asan las patatas, derrita la mantequilla en una sartén a fuego medio-bajo. Añada las setas, el ajo y el romero, y saltee hasta que las setas estén blandas y doradas, de 5 a 7 minutos.

Añada la harina y déjelo cocer, removiendo con una cuchara de madera, durante 20 segundos. Vierta poco a poco el caldo y el vino, removiendo constantemente para evitar que se formen grumos. Llévelo a ebullición, luego baje el fuego y cueza a fuego lento hasta que espese lo suficiente como para cubrir el dorso de la cuchara, de 3 a 5 minutos. Sazone con sal y pimienta.

Poner los filetes y las patatas en platos de servir. Vierta la salsa sobre los filetes y sírvalos calientes. Aunque solo son dos filetes, por su tamaño y peso pueden compartirse entre cuatro personas.

calorías: 916

grasas: 49 g

grasas saturadas: 20 g

azúcar: 3 g

sal: 1,5 g

Costillas al estilo de Memphis

Preparación: 15 min +
4-12 h de marinado +
10 min de reposo

Cocinado: 25-30 min

Memphis, Tennessee, es famosa por la calidad y el estilo de sus costillas de cerdo, y tanto los locales como los visitantes hacen cola para conseguir una mesa en los mejores restaurantes. Nuestra receta de salsa barbacoa será aproximadamente el doble de lo que necesite para las costillas. Puede guardar el resto en un recipiente hermético en el frigorífico hasta una semana.

Para las costillas

1	costillar de cerdo (unos 750 g)
3	cucharadas de pimentón dulce
2	cucharadas de azúcar moreno claro
2	cucharadas de cebolla en polvo
1	cucharada de ajo en polvo
1	cucharada de pimentón ahumado
1	cucharada de pimienta negra recién molida
1	cucharada de orégano seco
2	cucharaditas de comino molido
2	cucharaditas de mostaza en polvo
1	cucharadita de pimienta de cayena
1	cucharadita de sal marina en escamas

Para la salsa barbacoa

1	cucharada de aceite de oliva virgen extra
1	cebolla pequeña, finamente picada
3	dientes de ajo, finamente picados
375 ml	kétchup o salsa de tomate
2	cucharadas de vinagre de sidra de manzana
1	cucharada de salsa Worcestershire
1	cucharada de melaza o miel de caña
1	cucharada de azúcar moreno oscuro
1	cucharadita de pimienta de cayena

RACIONES

Retire y deseche la membrana de la parte inferior del hueso de las costillas. Corte el costillar en secciones de 4-5 costillas para que quepan en la freidora de aire. Colóquelas en una fuente grande que no sea de metal.

Mezcle todas las especias de las costillas en un bol pequeño y frote con ellas las costillas. Tápelas y póngalas a enfriar durante al menos 4 horas, o toda la noche.

Pasado ese tiempo, colóquelas en las cesta de la air fryer con el hueso hacia abajo y áselas a 200 °C durante 15 minutos.

Mientras se cocina la carne, prepare la salsa BBQ. Caliente el aceite en una cacerola a fuego medio. Añada la cebolla y el ajo y saltéelos hasta que se ablanden, 3-4 minutos. Agregue el kétchup, el vinagre, la salsa Worcestershire, la miel, el azúcar moreno y la pimienta de cayena, y llévelo a ebullición. Baje el fuego y cueza a fuego lento hasta que espese, unos 5 minutos.

Tras los 15 minutos de cocción, unte las costillas con la salsa y vuelva a ponerlas en la freidora de aire para terminar la cocción, entre 5 y 10 minutos más a 200 °C.

Páselas a una tabla de cortar, cúbralas ligeramente con papel de aluminio y déjelas reposar durante 10 minutos.

Córtelas en costillas individuales y sírvalas calientes con la salsa barbacoa.

calorías: 874

grasas: 43 g

grasas saturadas: 14 g

azúcar: 62 g

sal: 6,2 g

Solomillo de cerdo tandoori

*Preparación: 15 min +
4-12 h de marinado +
10 min de reposo*

Cocinado: 16-20 min

Esta receta de inspiración india debe su nombre al horno tandoor cilíndrico que se utiliza para cocinar en muchas partes de Asia. Por extensión, la palabra tandoori ha pasado a significar los platos marinados y especiados que tradicionalmente se cocinan en el horno.

Para el marinado

6	dientes de ajo picados gruesos
1	trozo de jengibre de unos 2,5 cm pelado y picado grueso
2	guindillas rojas largas frescas picadas gruesas
3	cucharaditas de comino molido
3	cucharaditas de cilantro molido
2	cucharaditas de garam masala
2	cucharaditas de pimentón dulce
½	cucharadita de sal marina en escamas
60 ml	zumo de limón fresco

Para la carne de cerdo

1	solomillo de cerdo de unos 400 g
	pan naan para acompañar
	yogur natural para acompañar

RACIONES

Mezcle el ajo, el jengibre y los chiles en un procesador de alimentos y píquelos hasta obtener una pasta gruesa. También se puede machacar con un mortero. Añada las especias molidas, la sal y el zumo de limón y mezcle hasta formar una pasta.

Unte los filetes de cerdo con la pasta tandoori y colóquelos en una fuente de cristal. Cubra y refrigere durante al menos 4 horas, o toda la noche.

Pasado ese tiempo, coloque la carne de cerdo en la cesta de la freidora y cocínela a 200 °C durante 8-10 minutos. Dé la vuelta a la carne y cocínela durante 8-10 minutos más, hasta que esté tierna y bien hecha.

Pásela a una tabla o fuente, cúbrala con papel de aluminio y déjela reposar durante 10 minutos.

Cortar y servir caliente, con pan naan y yogur.

calorías: 242

grasas: 7,1 g

grasas saturadas: 2,4 g

azúcar: 0 g

sal: 1,3 g

Panceta de cerdo al estilo vietnamita

*Preparación: 15 min +
2-12 h de marinado*

Cocinado: 16-20 min

Para la carne

5	cebolletas, solo la parte blanca, finamente picadas
2	dientes de ajo picados gruesos
60 ml	salsa de pescado asiática
1	cucharada de aceite de cacahuete + algo extra para pincelar
1	cucharada de salsa de soja oscura
2	cucharadas de azúcar molido
1 kg	panceta de cerdo, cortada en tiras de 1 cm de grosor
	cacahuetes triturados, para servir

pepino cortado en rodajas finas para acompañar

zanahoria cortada en rodajas finas para servir

Para la salsa

60 ml	salsa de pescado asiática
60 ml	zumo de lima fresco
2	cucharadas de agua
2	cucharadas de azúcar molido
1	guindilla roja larga fresca cortada en rodajas finas
1	diente de ajo finamente picado

Machaque las cebolletas y el ajo con un mortero hasta obtener una pasta. Pásela a un bol mediano. Añada la salsa de pescado, el aceite de cacahuete, la salsa de soja y el azúcar, y remueva hasta que se disuelva el azúcar. Introduzca la carne de cerdo y remójela por completo. Tápela y déjela reposar durante al menos 2 horas, o toda la noche.

Mientras tanto, prepare la salsa mezclando la salsa de pescado, el zumo de lima, el agua y el azúcar en un bol pequeño. Remueva para disolver el azúcar, añada el chile y el ajo y remueva otra vez. Póngala en una fuente pequeña y resérvela hasta que la necesite.

Ponga las tiras de panceta en la cesta de la freidora y cocínelas a 200 ºC durante 8-10 minutos. Dé la vuelta a la carne y cocínela otros 7-8 minutos más, hasta que esté tierna y bien hecha.

Dependiendo del tamaño de la freidora, puede que tenga que cocinar la carne en dos tandas.

Espolvoree la carne con cacahuetes triturados y sírvala caliente con la salsa al lado para mojar. Acompáñela con rodajas de pepino y zanahoria.

8

RACIONES

calorías: 690

grasas: 69 g

grasas saturadas: 25 g

azúcar: 3,8 g

sal: 3,4 g

Pastelería y postres

Lo más sorprendente de la freidora de aire es lo estupenda que es para la pastelería. Su pequeño horno de convección caliente es ideal para galletas, magdalenas, brownies y pasteles. Incluso puede hacer tartas, crumbles y tarta de queso. El único límite es el tamaño de la freidora y de las bandejas que quepan en su interior. Algunas de las recetas necesitan bandejas que no encajan.

Aquí encontrará una serie de recetas de repostería y postres. Una vez que haya horneado algunos de ellos, sabrá lo que cabe en su air fryer y qué temperaturas y tiempos de horneado funcionan mejor. A medida que se familiarice con la máquina, podrá adaptar sus recetas favoritas.

Bizcocho Victoria (ver receta en página 172)

Bollos de limonada

Lo mejor es comer estos bollitos recién hechos. Esta receta es para cinco bollos, perfectos para el desayuno o el almuerzo de 2 o 3 personas. Si quiere más, simplemente duplique las cantidades de la receta para obtener diez deliciosos bollos. Si sobran, se pueden tostar y servir al día siguiente.

Preparación: 10 min

Cocinado: 8-10 min

150 g   harina de todo uso
1   cucharadita de levadura en polvo
        una pizca de sal marina en escamas
60 ml limonada

60 ml nata líquida ligera + algo extra, para glasear
        nata montada, para servir
        confitura o mermelada de fresa para acompañar

Tamice la harina, la levadura en polvo y la sal en un bol. Haga un hueco en el centro y vierta en él la limonada y la nata. Con un cuchillo para mantequilla, vaya incorporando la harina a la mezcla de limonada hasta que empiece a formarse una masa.
Vuélquela sobre una superficie ligeramente enharinada y amase suavemente para ligarla. No amase en exceso, la masa debe quedar suave y pegajosa.
Aplane la masa con las manos hasta que tenga un grosor de 2,5 cm.
Corte 5 círculos con un cortador de galletas de 5 cm.
Coloque los bollos en la freidora. Unte la parte superior con nata extra y hornéelos a 180 ºC durante 8-10 minutos, hasta que hayan subido y estén dorados.
Retire la cesta de la freidora y deje enfriar los bollos durante 5 minutos.
Sírvalos enseguida con la nata montada y la confitura de fresa.

5

RACIONES

calorías: 134
grasas: 2,8 g
grasas saturadas: 1,6 g
azúcar: 1,1 g
sal: 0,22 g

Muffins de chocolate y cerezas

Preparación: 15 min

Cocinado: 12-18 min

Esta receta es para 6 muffins grandes, tipo «Texas», o 12 estándar. Puede utilizar moldes individuales de silicona para magdalenas o cualquier otro accesorio para magdalenas o cupcakes que ofrezca su marca de freidora de aire. Consulte la página 9 para más información sobre accesorios para air fryers.

300 g	harina común	2	huevos de corral ligeramente batidos
2	cucharaditas de levadura en polvo	90 g	mantequilla salada, derretida y enfriada
150 g	azúcar extrafino		
325 g	cerezas deshuesadas congeladas sin azúcar		
180 g	chocolate negro, picado grueso		
250 ml	leche		

12 RACIONES

Prepare seis moldes grandes para magdalenas o 12 moldes estándar.

Tamice la harina y la levadura en polvo en un bol mediano. Añada el azúcar, las cerezas y el chocolate y mezcle bien.

Vierta después la leche, los huevos y la mantequilla y mezcle hasta que se integren. La masa debe quedar ligeramente grumosa.

Vierta la masa uniformemente en los moldes para magdalenas preparados y dispóngalos en la cesta de la air fryer. Hornéelos a 165 °C durante unos 12-18 minutos, hasta que estén dorados y al insertar un palillo en el centro este salga limpio. Compruebe la cesta después de 10 minutos para ver cómo están sus magdalenas.

Dependiendo del tamaño de su freidora de aire, puede que tenga que hornear los muffins en dos tandas.

Deje las magdalenas en la cesta durante 10 minutos para que se enfríen un poco y, a continuación, páselas a una rejilla.

Servir calientes o a temperatura ambiente.

calorías: 316

grasas: 14 g

grasas saturadas: 8,3 g

azúcar: 19 g

sal: 0,20 g

Cupcakes de chocolate blanco

Hemos hecho estas preciosas magdalenas con chocolate blanco y hemos aromatizado el glaseado de crema de mantequilla con agua de rosas, pero la receta funciona igual de bien con chocolate negro. En ese caso, es preferible aromatizar el glaseado con extracto de naranja o vainilla.

Preparación: 25 min

Cocinado: 24-30 min

Para los cupcakes

225 g	harina para todo uso
30 g	harina de maíz
2	cucharaditas de levadura en polvo
120 g	chocolate blanco de buena calidad, picado grueso
150 g	azúcar extrafino
120 g	mantequilla salada ablandada
1	cucharadita de esencia de vainilla
2	huevos de corral, separadas las yemas de las claras
2	cucharadas de leche

Para el glaseado de crema de mantequilla

90 g	chocolate blanco de buena calidad picado grueso
120 g	mantequilla salada
300 g	de azúcar glas
1	cucharada de leche
1	cucharadita de agua de rosas
1-3	gotas de colorante alimentario rosa cristales de gelatina de frambuesa, para decorar (opcional)

Prepare 12 moldes de silicona o moldes para magdalenas. La mayoría de las freidoras de aire solo admiten 6 magdalenas a la vez, por lo que los moldes se pueden enjuagar y volver a utilizar para la segunda tanda si solo tiene seis. Tamice la harina, la harina de maíz y la levadura en polvo en un bol.
Derrita el chocolate blanco en un bol resistente al calor en el microondas o en un cazo con agua hirviendo a fuego lento. Dejar enfriar un poco.
Bata 100 g de azúcar con la mantequilla y la vainilla en un bol con una batidora eléctrica a velocidad media-alta hasta que la mezcla esté pálida y cremosa. Incorporar las yemas. Vierta el chocolate derretido y siga batiendo hasta que se mezclen. Añadir poco a poco la mezcla de harina, alternándola con la leche, batiendo hasta que se mezclen.
Aparte, bata las claras en un bol a velocidad media-alta hasta que se formen picos suaves. Añada poco a poco el azúcar restante hasta que se formen picos gruesos y brillantes. Incorpore una cucharada grande de las claras a la masa de las magdalenas. Agregue el resto de las claras. Reparta la masa uniformemente en los moldes.
Coloque seis moldes llenos en la cesta de la freidora de aire y hornéelos a 165 °C durante 12-15 minutos, hasta que al insertar un palillo en las magdalenas salga limpio. Deje enfriar sobre una rejilla. Hornee el resto de la masa de magdalenas de la misma manera.
Para el glaseado, derrita el chocolate blanco y déjelo enfriar un poco. Bata la mantequilla en un bol a velocidad media-alta hasta que esté pálida y cremosa. Añada poco a poco el chocolate, sin dejar de batir. Tamice el azúcar glas y siga batiendo a velocidad baja. Añada la leche, el agua de rosas y suficiente colorante alimentario para teñir el glaseado de rosa pálido.
Vierta el glaseado en una manga pastelera con una boquilla grande en forma de estrella. Corone con él las magdalenas. Decore con pequeños cristales de gelatina, si se desea.

12 RACIONES

calorías: 448

grasas: 24 g

grasas saturadas: 15 g

azúcar: 37 g

sal: 0,48 g

Galletas con pepitas de chocolate

Preparación: 20 min

Cocinado: 8-12 min

La freidora de aire es ideal para hornear galletas. Como solo se pueden cocinar de 2 a 4 galletas a la vez, el secreto está en preparar la masa de galletas con antelación, congelarla y luego hornear galletas frescas cuando quiera. La masa de galletas se congela bien hasta tres meses. Puede preparar cualquiera de sus recetas de galletas favoritas de la misma manera. Nuestra receta da para unas 20 galletas medianas-grandes.

225 g	harina para todo uso	¾	cucharadita de esencia de vainilla
¾	cucharadita de bicarbonato sódico	2	huevos de corral pequeños
¼	cucharadita de sal marina en escamas	250 g	chocolate negro en trocitos
150 g	mantequilla sin sal, ablandada		
150 g	azúcar moreno claro		
100 g	azúcar blanco		

RACIONES

Tamice la harina, el bicarbonato y la sal en un bol grande. Resérvelo.
Bata la mantequilla, los dos azúcares y la vainilla en un bol grande con una batidora eléctrica a velocidad media-alta hasta obtener una mezcla cremosa.
Añadir los huevos de uno en uno, batiendo hasta obtener una mezcla homogénea después de cada adición.
Con la batidora a velocidad baja, incorpore poco a poco la mezcla de harina. Después incorpore las pepitas de chocolate a mano. La masa debe quedar blanda, pero lo bastante firme para formar bolas. Puede que tenga que añadir un poco más de harina.
La masa ya está lista para hornear o congelar.
Para congelar la masa, coloque una bandeja para hornear grande y fórrela con papel de horno. Espolvoree con harina. Tome de 1 a 2 cucharadas colmadas de masa y forme bolas redondas con las manos bien enharinadas. Aplástelas dándole forma de disco y colóquelas en la bandeja para hornear. Continúe hasta que haya utilizado toda la masa.
Meter la bandeja con los discos de masa de galleta en el congelador durante 1 hora, hasta que estén bien congelados. Póngalos en bolsas de congelación, ciérrelas y etiquételas con la fecha.
Para hornear las galletas, forre el fondo de la cesta de la freidora de aire con papel de horno perforado.
Saque del congelador el número de discos de masa congeladas que vaya a hornear y colóquelas en la cesta de la freidora con una separación de unos 5 cm. Dependiendo del tamaño de la freidora, podrá hornear de 2 a 4 galletas a la vez.
Hornear durante 8-12 minutos a 180 °C, hasta que estén doradas en los bordes pero blandas en el centro. Deje enfriar las galletas en la cesta durante 2-3 minutos, hasta que estén lo suficientemente firmes como para moverlas. Páselas a una rejilla y deje que se enfríen por completo.

calorías: 230

grasas: 12 g

grasas saturadas: 7,3 g

azúcar: 16 g

sal: 0,14 g

Galletas de avena y pasas

Preparación: 15 min

Cocinado: 8-12 min

Estas galletas de avena y pasas se deshacen en la boca. Son perfectas para acompañar una taza de café o té por la mañana. La receta es para 20 galletas, así que le sugerimos que congele al menos una parte de la masa. Las instrucciones están en la receta.

150 g	copos de avena tradicionales pasados por un rodillo
120 g	harina de todo uso
1	cucharadita de bicarbonato sódico
1	cucharadita de canela molida
¼	cucharadita de clavo de olor molido
¼	cucharadita de sal marina en escamas
120 g	mantequilla salada ablandada

100 g	azúcar moreno
50 g	azúcar blanco
½	cucharadita de esencia de vainilla
1	huevo de corral
60 g	pasas

20 RACIONES

Mezcle la avena, la harina, el bicarbonato, la canela, el clavo y la sal en un bol grande. Resérvelo.

Bata la mantequilla, los dos azúcares y la vainilla en un bol grande con una batidora eléctrica a velocidad media-alta hasta obtener una mezcla cremosa. Añada el huevo y siga batiendo hasta obtener una mezcla homogénea.

Con la batidora a baja velocidad, incorporar gradualmente la mezcla de harina. Después, incorpore las pasas a mano. La masa debe estar blanda, pero lo bastante firme para formar bolas. Puede que tenga que añadir un poco más de harina.

La masa ya está lista para hornear o congelar.

Para congelar la masa, coloque una bandeja para hornear grande y fórrela con papel de horno. Espolvoree con harina. Coja de 1 a 2 cucharadas colmadas de masa y forme bolas redondas con las manos bien enharinadas. Aplástelas dándole forma de disco y colóquelas en la bandeja para hornear. Continúe hasta que haya utilizado toda la masa.

Meta la bandeja con los discos de masa en el congelador durante 1 hora, hasta que estén bien congelados. Colóquelos en bolsas de congelación, ciérrelas y etiquételas con la fecha.

Para hornear las galletas, forre el fondo de la cesta de la freidora de aire con papel de horno perforado.

Saque del congelador el número de galletas que vaya a hornear y colóquelas en la cesta de la freidora con una separación de unos 5 cm. Dependiendo del tamaño de la freidora, podrá hornear de 2 a 4 galletas a la vez.

Hornéelas a 180 °C durante 8-12 minutos, hasta que estén doradas en los bordes pero blandas en el centro. Deje que las galletas se enfríen en la cesta durante 2-3 minutos, hasta que estén lo suficientemente firmes como para moverlas. Páselas a una rejilla y deje que se enfríen por completo.

calorías: 137

grasas: 6 g

grasas saturadas: 3,4 g

azúcar: 9,5 g

sal: 0,13 g

Barritas de semillas y frutos secos

Estas barritas masticables son perfectas para el desayuno o como tentempié dulce en cualquier momento.

Preparación: 15 min

Cocinado: 15 min

90 g	mantequilla salada ablandada
90 ml	miel cruda (sin procesar)
100 g	azúcar mascabado (sin refinar)
225 g	copos de avena tradicionales pasados por un rodillo
60 g	nueces picadas gruesas
60 g	uvas pasas
2	cucharadas de semillas de calabaza
2	cucharadas de semillas de girasol
2	cucharadas de semillas de sésamo
2	cucharadas de coco rallado desecado
1	cucharadita de canela molida

Engrase el accesorio para hornear de su freidora de aire o un molde cuadrado hondo que encaje en ella.

Derrita la mantequilla con la miel y el azúcar sin refinar en un cazo mediano a fuego lento, removiendo constantemente. Llévelo a ebullición y después cueza a fuego lento hasta que el azúcar se haya disuelto por completo.

Retírelo del fuego e incorpore la avena, las nueces, las pasas, las pipas de calabaza, las pipas de girasol, las semillas de sésamo, el coco y la canela.

Vierta la mezcla uniformemente en la bandeja preparada, alisando con el dorso de la cuchara.

Coloque el molde en la cesta de la air fryer y hornéelo a 165 ºC durante 15 minutos, hasta que esté dorado. Dejar enfriar completamente en el molde antes de cortarlo en diez barras iguales.

10 RACIONES

calorías: 320

grasas: 16 g

grasas saturadas: 6,3 g

azúcar: 22 g

sal: 0,20 g

Brownies de chocolate y nueces

Preparación: 15 min

Cocinado: 18-20 min

Con esta receta se rellena un molde hondo (de 18 cm) para brownies. Asegúrese de usar mantequilla salada; si no la tiene en casa, añada una pizca de sal a la mezcla de chocolate y mantequilla. También hemos probado este brownie con avellanas y estaba igual de bueno. Si lo desea, tueste las nueces durante 2-3 minutos en la freidora de aire antes de añadirlas a la masa.

180 g	harina para todo uso		3	huevos de corral
50 g	cacao en polvo sin azúcar + algo más para espolvorear		1	cucharadita de esencia de vainilla
1/4	cucharadita de levadura en polvo		100 g	nueces picadas gruesas
200 g	chocolate negro troceado			
180 g	mantequilla salada, picada en trozos grandes			
250 g	azúcar moreno claro			

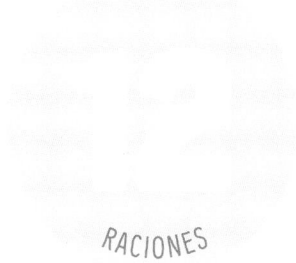

RACIONES

Engrase la base y los laterales de la freidora de aire o de un molde hondo que encaje. Utilice el molde cuadrado más grande que quepa en la freidora (o use uno redondo).

Tamice la harina, el cacao y la levadura en polvo en un bol y resérvelo.

Derrita el chocolate y la mantequilla en un cuenco resistente al calor sobre un cazo con agua hirviendo a fuego lento, procurando que la base del cuenco no toque el agua. Remueva de vez en cuando hasta obtener una mezcla homogénea. Déjelo enfriar un poco.

Mientras, bata el azúcar moreno, los huevos y la vainilla en un bol con una batidora eléctrica a velocidad media hasta obtener una masa cremosa. Añada poco a poco la mezcla de chocolate enfriada, batiendo hasta que liguen bien. Con la batidora a baja velocidad, incorpore la mezcla de harina, raspando de vez en cuando por los lados, hasta que esté bien integrada. Incorpore las nueces a mano. Viértalo en el molde preparado y alíselo hasta conseguir un espesor uniforme.

Hornéelo a 165 °C durante 18-20 minutos, hasta que esté hecho. El tiempo de horneado también dependerá de si le gusta un brownie con un centro pegajoso o una textura más cocida, como la de un pastel. Cuanto más tiempo lo hornee, menos pegajoso quedará.

Déjelo enfriar completamente en el molde antes de sacarlo.

Espolvoréelo con cacao, córtelo en 12 cuadrados y sírvalo.

calorías: 415

grasas: 26 g

grasas saturadas: 13 g

azúcar: 24 g

sal: 0,35 g

Cuadrados de chocolate y caramelo

Estos increíbles cuadrados de chocolate y caramelo se hornean muy bien en nuestra freidora de aire. Utilice la sartén cuadrada más grande y profunda que quepa en su air fryer. Asegúrese de utilizar mantequilla salada; combina de maravilla con el caramelo. Si no tiene mantequilla salada, añada una pizca de sal tanto a la base como al relleno.

Preparación: 30 min + 4 h de reposo

Cocinado: 20-30 min

Para la base
150 g   harina para todo uso
100 g   azúcar moreno claro
25 g   copos de avena tradicional pasados por un rodillo
30 g   coco rallado desecado
120 g   mantequilla salada derretida

Para el relleno
400 ml leche condensada
60 g   mantequilla salada
2   cucharadas de sirope de maíz ligero

Para la cobertura
200 g   chocolate negro picado grueso
2   cucharaditas de aceite vegetal

Engrase la base y los lados del accesorio para hornear de la freidora de aire (o un molde para hornear de lados profundos que quepa en su air fryer). Forre con papel de horno, extendiendo el papel 5 cm por encima del borde del molde. Asegúrese de hacer muchos agujeros en el papel de pergamino para que el aire pueda circular en la freidora de aire.

Mezcle la harina, el azúcar moreno, la avena y el coco en un bol. Añada la mantequilla y mezcle bien. Vierta la mezcla en el molde preparado y presione firmemente para ocupar toda la base. Utilice el dorso de una cuchara para alisar y crear una capa uniforme. Hornéelo a 165 °C durante 10-15 minutos, hasta que esté dorado. Reserve hasta que se enfríe y adquiera firmeza.

Por otro lado, prepare el relleno mezclando la leche condensada, la mantequilla y el sirope de maíz en un cazo mediano y cociendo a fuego lento durante 10-15 minutos, hasta que se dore. Verter sobre la base enfriada, extendiendo para crear una capa uniforme.

Vuelva a hornear a 165 °C durante 10-15 minutos, hasta que esté firme y los bordes dorados. Déjelo enfriar un poco. Refrigérelo durante 2 horas, hasta que cuaje.

Para la cobertura, derrita el chocolate y el aceite en un cuenco resistente al calor sobre un cazo con agua hirviendo a fuego lento, asegurándose de que la base del cuenco no toque el agua. Remueva hasta obtener una mezcla homogénea.

Cuando se haya enfriado un poco, vierta el chocolate sobre el relleno de caramelo, extendiéndolo para crear una capa uniforme. Refrigere durante 1 hora, hasta que el chocolate empiece a endurecerse pero aún esté algo blando. Marque 12 trozos cuadrados. Refrigere hasta que cuaje por completo, aproximadamente 1 hora.

Corte por las marcas con un cuchillo afilado para servir.

12 RACIONES

calorías: 430

grasas: 25 g

grasas saturadas: 15 g

azúcar: 33 g

sal: 0,40 g

Tarta de fresas sencilla

Preparación: 15 min

Cocinado: 15-20 min

La tarta de fresas tiene una textura quebradiza a medio camino entre un bollo y una galleta (en el sentido americano del término). Se le añade levadura en polvo o bicarbonato y se suele rellenar con crema dulce. La tarta de fresas es un clásico, pero también puede hacerse con frambuesas u otras frutas frescas cortadas en rodajas.

300 g	fresas limpias y cortadas en rodajas	1	huevo de corral grande
70 g	azúcar extrafino	180 ml	leche + algo extra, para glasear
300 g	harina para todo uso	180 ml	nata espesa
3	cucharaditas de levadura en polvo	1	cucharadita de esencia de vainilla
	una pizca de sal marina en escamas		azúcar glas para espolvorear
120 g	mantequilla fría sin sal, cortada en dados		

10 RACIONES

Forre la base del accesorio para hornear de su freidora de aire o un molde hondo de fondo desmontable (que quepa en su freidora de aire) con papel de horno perforado.

Mezcle las fresas en un bol mediano con la mitad del azúcar y reserve.

Tamice la harina, la levadura y la sal en un bol. Añada la mantequilla y, con los dedos, mézclela con la harina hasta que la combinación parezca migas gruesas. Incorpore el azúcar restante.

Bata el huevo y la leche en un cuenco pequeño. Haga un hueco en el centro de la mezcla de harina y vierta la mezcla de huevo. Con un cuchillo para mantequilla, vaya incorporando la harina a la mezcla de huevo hasta que empiece a formarse una masa.

Póngalo sobre una superficie de trabajo ligeramente enharinada y amase ligeramente. No la trabaje en exceso; debe ser suave y pegajosa. Coloque la masa en el molde preparado y moje la parte superior con leche.

Hornee el pastel durante 15-20 minutos a 165 ºC, hasta que esté dorado y al insertar una brocheta en el pastel salga limpia. Déjelo en el molde durante 10 minutos para que se enfríe un poco. Páselo a una rejilla y déjelo enfriar completamente.

Cuando esté totalmente fría córtela por la mitad horizontalmente y coloque la base en un plato de servir.

Monte la nata y la vainilla en un bol mediano con una batidora eléctrica hasta que se formen picos firmes.

Extienda la nata sobre la base de la tarta y coloque las fresas por encima.

Ponga encima la otra mitad de la tarta. Espolvoree con azúcar glas y sírvala en porciones.

calorías: 314

grasas: 19 g

grasas saturadas: 11 g

azúcar: 10 g

sal: 0,16 g

Bizcocho Victoria

Preparación: 20 min

Cocinado: 40-50 min

Lo más complicado de hornear un bizcocho en una freidora de aire es encontrar una bandeja que se adapte. El resto es realmente fácil y los resultados son magníficos. Este clásico pastel de mantequilla está delicioso tal cual, pero no dude en variar el relleno y añadir un glaseado con total libertad. Por ejemplo, puede rellenarlo con nata montada y frambuesas y rociarlo con un glaseado de limón.

Para el bizcocho

200 g	harina para todo uso
2	cucharaditas de levadura en polvo
¼	cucharadita de sal marina en escamas
180 g	mantequilla sin sal, ablandada
200 g	azúcar superfino (en polvo)
4	huevos de corral
2	cucharadas de leche

Para el relleno

120 g	mantequilla sin sal, ablandada
150 g	azúcar glas + algo extra para espolvorear
½	cucharadita de esencia de vainilla
300 g	mermelada de fresa

12 RACIONES

Unte con mantequilla dos moldes redondos que quepan en la air fryer y fórrelos con papel de horno perforado.

Por otro lado tamice la harina, la levadura en polvo y la sal en un bol.

Bata la mantequilla y el azúcar en otro bol con una batidora eléctrica a velocidad media-alta hasta que la mezcla esté pálida y cremosa. Añada los huevos de uno en uno y bata hasta obtener una masa homogénea después de cada adición. Con la batidora a baja velocidad, incorpore gradualmente la mezcla de harina y leche hasta que se integre bien.

Vierta la masa en los moldes preparados, alisando la parte superior con el dorso de la cuchara.

Coloque un molde en la cesta y hornéelo a 150 °C durante 20-25 minutos, hasta que esté dorado y al insertar un palillo en el centro este salga limpio. Deje enfriar en el molde durante 5 minutos y, a continuación, páselo a una rejilla y deje que se enfríe por completo. Repita la operación con el pastel restante.

Mientras, bata la mantequilla, el azúcar glas y la vainilla en un cuenco hasta obtener una mezcla suave y cremosa.

Coloque un pastel en una fuente de servir. Úntelo con el relleno. Cúbralo con la mermelada de fresas y tápelo con el pastel restante. Espolvoree con azúcar glas. Corte y sirva.

calorías: 452

grasas: 22 g

grasas saturadas: 14 g

azúcar: 41 g

sal: 0,27 g

Pastel de plátano con glaseado de limón

Este maravilloso pastel es una manera deliciosa de aprovechar los plátanos cuando están demasiado maduros para comerlos.

Preparación: 20 min + 1 h de reposo

Cocinado: 30-35 min

Para el pastel

225 g	harina para todo uso
1	cucharadita de levadura en polvo
½	cucharadita de bicarbonato sódico
120 g	mantequilla salada, ablandada
150 g	azúcar extrafino
2	huevos de corral
3	plátanos grandes muy maduros, machacados con un tenedor
	canela molida para espolvorear

Para el glaseado de limón

225 g	azúcar glas
2	cucharadas de zumo de limón fresco

Unte con mantequilla un molde redondo que quepa en la freidora de aire y fórrelo con un papel de horno perforado.

Tamice la harina, la levadura en polvo y el bicarbonato en un bol.

En otro bol bata la mantequilla y el azúcar con una batidora eléctrica a velocidad media-alta hasta que la mezcla esté pálida y cremosa. Añada los huevos de uno en uno, batiendo hasta obtener una masa homogénea después de cada adición. Agregue el plátano y batir de nuevo.

Con la batidora a velocidad baja, añada la mezcla de harina y vuelva a batir, raspando los lados de vez en cuando, hasta que esté bien mezclada. Vierta la masa en el molde preparado.

Hornee el pastel a 150 °C durante 30-35 minutos, hasta que al insertar un palillo en el centro este salga limpio. Déjelo en el molde durante 10 minutos para que se enfríe un poco.

Volcar sobre una rejilla y dejar enfriar completamente.

Mientras tanto, mezcle con unas varillas el azúcar glas y el zumo de limón en un bol pequeño hasta obtener un glaseado homogéneo.

Extienda el glaseado por encima de la tarta y espolvoréela con canela. Deje reposar durante 1 hora para que el glaseado se endurezca.

Cortar y servir.

10 RACIONES

calorías: 358

grasas: 11 g

grasas saturadas: 6,6 g

azúcar: 44 g

sal: 0,27 g

Tarta de chocolate con remolacha

Esta tarta le sorprenderá gratamente; las remolachas son un complemento maravilloso que añade profundidad de sabor y textura. Para obtener los mejores resultados, prepare el pastel con un día de antelación y glaséelo justo antes de servirlo. El pastel se vuelve más húmedo y sabroso si se guarda durante la noche en un recipiente hermético.

Preparación: 20 min

Cocinado: 40-45 min

Para el pastel

225 g	harina para todo uso
30 g	cacao en polvo sin azúcar
1	cucharadita de levadura en polvo
1	cucharadita de bicarbonato sódico
3	huevos de corral
200 g	azúcar moreno
120 ml	nata agria
90 ml	aceite vegetal
1	cucharadita de esencia de vainilla
300 g	remolacha roja cocida rallada gruesa

Para el glaseado de chocolate

150 g	chocolate negro, picado grueso
190 ml	nata líquida ligera
½	cucharadita de esencia de vainilla

Engrase ligeramente un molde redondo que quepa en la freidora de aire y fórrelo con un papel de horno perforado.

Tamice la harina, el cacao, la levadura en polvo y el bicarbonato en un bol.

En otro bol, bata los huevos, el azúcar moreno, la nata agria, el aceite y la vainilla con una batidora eléctrica a velocidad media hasta obtener una mezcla homogénea. Con la batidora a baja velocidad, incorpore la mezcla de harina. Agregue la remolacha a mano.

Vierta la masa en el molde preparado, alisando la parte superior.

Hornee el pastel durante 40-45 minutos a 150 °C, hasta que al insertar un palillo en el centro este salga limpio.

Deje enfriar en el molde durante 15 minutos y, a continuación, pase el pastel a una rejilla y deje que se enfríe por completo.

Mientras tanto, derrita el chocolate, la nata y la vainilla al baño maría sobre agua apenas hirviendo, removiendo de vez en cuando hasta obtener una mezcla homogénea. Retirar del fuego y dejar enfriar un poco.

Extender el glaseado sobre el pastel, dejando que gotee por los lados. Cortar y servir.

10 RACIONES

calorías: 378

grasas: 19 g

grasas saturadas: 7 g

azúcar: 26 g

sal: 0,17 g

Tarta clásica de chocolate

Preparación: 15 min

Cocinado: 30-40 min

La tarta perfecta para cualquier ocasión.

Para el pastel

200 g	harina para todo uso
75 g	cacao en polvo sin azúcar
1	cucharadita de bicarbonato de sodio
½	cucharadita de levadura en polvo
¼	cucharadita de sal marina en escamas
120 g	mantequilla sin sal ablandada
200 g	azúcar moreno claro
1	cucharada de gránulos de café instantáneo liofilizado
1	cucharadita de esencia de vainilla
2	huevos de corral
180 ml	leche
90 g	pepitas de chocolate negro

Para el glaseado de chocolate

120 g	mantequilla sin sal
150 g	chocolate negro troceado frambuesas frescas para acompañar

RACIONES

Engrase ligeramente un molde redondo que quepa en la freidora de aire y fórrelo con un papel de horno perforado.

Tamice la harina, el cacao, la levadura en polvo, el bicarbonato y la sal en un bol.

Bata la mantequilla y el azúcar en un cuenco hasta que estén cremosos. Incorpore el café granulado y la vainilla. Añada los huevos de uno en uno, batiendo hasta obtener una mezcla homogénea después de cada adición. Incorpore poco a poco la mezcla de harina, alternando con la leche y las pepitas de chocolate. Vierta la masa en el molde preparado.

Hornee el pastel a 150 °C durante 30-40 minutos, hasta que al insertar un palillo en el centro salga limpio. Deje enfriar en el molde durante 15 minutos. Póngalo después sobre una rejilla y déjelo enfriar del todo.

Mientras tanto, derrita la mantequilla y el chocolate al baño maría sobre agua apenas hirviendo removiendo de vez en cuando hasta obtener una mezcla homogénea. Deje que se enfríe un poco.

Extienda este glaseado por encima dejando que gotee por los lados de la tarta.

Cortar en porciones y servir.

calorías: 412

grasas: 27 g

grasas saturadas: 16 g

azúcar: 21 g

sal: 0,24 g

Tarta de zanahoria

Preparación: 30 min

Cocinado: 35-40 min

Si lo desea, puede añadir un puñado de pasas doradas (sultanas) a este delicioso pastel. Sírvalo con té o café, o como postre familiar.

Para el pastel

225 g	harina para todo uso
2	cucharaditas de canela molida
1½	cucharaditas de levadura en polvo
1	cucharadita de bicarbonato sódico
½	cucharadita de nuez moscada molida
150 g	azúcar extrafino
150 g	azúcar moreno claro
180 ml	aceite vegetal
3	huevos de corral
3	zanahorias medianas (unos 300 g), peladas y ralladas gruesas
120 g	nueces, picadas gruesas algunas mitades de nueces, para decorar

Para el glaseado de crema de queso

250 g	queso crema ablandado
90 g	mantequilla sin sal ablandada
300 g	azúcar glas

RACIONES

Engrase ligeramente un molde redondo que quepa en la freidora de aire y fórrelo con un papel de horno perforado.

Tamice la harina, la canela, la levadura en polvo, el bicarbonato y la nuez moscada en un bol.

Bata el azúcar moreno y el azúcar extrafino en un bol con el aceite y los huevos hasta que se mezclen. Incorpore poco a poco la mezcla de harina. Añada las zanahorias y las nueces. Vierta la masa en el molde preparado.

Hornee el pastel a 150 °C durante 35-40 minutos, hasta que al insertar un palillo en el centro salga limpio. Deje enfriar en el molde durante 10 minutos. Sáquelo a una rejilla y deje enfriar completamente.

Mientras tanto bata el queso crema y la mantequilla en un bol mediano con una batidora eléctrica a velocidad media-alta hasta que la mezcla esté pálida y cremosa. Añada poco a poco el azúcar glas, batiendo a velocidad baja para mezclar hasta que esté pálido y cremoso, de 3 a 5 minutos.

Extienda el glaseado por encima y por los lados de la tarta. Decorar con las mitades de las nueces. Cortar y servir.

calorías: 563

grasas: 32 g

grasas saturadas: 10 g

azúcar: 50 g

sal: 0,25 g

Tarta de cítricos sin gluten

Este es un pastel tan versátil que se puede servir en cualquier momento, desde el desayuno y el brunch, a la merienda o como postre familiar. La naranja caramelizada queda muy bonita y tiene un sabor divino, pero es opcional si estás intentando reducir el azúcar.

Preparación: 30 min

Cocinado: 20-25 min

Para la tarta
200 g   azúcar
100 g   harina de almendra
30 g   harina de quinoa
4   huevos de corral
60 ml   aceite de oliva virgen extra
2   cucharadas de ralladura fina de limón sin cera
1   cucharada de zumo de limón fresco
1   cucharada de zumo de naranja fresco
¼   cucharadita de sal marina en escamas
  azúcar glas para espolvorear

Para la naranja caramelizada
1   naranja ecológica cortada en rodajas finas con piel
150 g   azúcar
120 ml   agua

10 RACIONES

Tome un accesorio para hornear de la air fryer, hondo y de fondo desmontable. Compruebe que el molde cabe en la freidora de aire y fórrelo con papel de horno perforado,

Mezcle en un bol un tercio del azúcar con la harina de almendras y la harina de quinoa. Bata otro tercio del azúcar con las yemas de huevo en un bol con una batidora eléctrica a velocidad media hasta que estén espesas y blanqueadas, unos 5 minutos. Añada el aceite, la ralladura de limón y los zumos de los cítricos. Incorpore la mezcla de almendra y harina sin dejar de batir.

Bata las claras y la sal en un bol hasta que estén esponjosas. Incorpore el último tercio del azúcar a velocidad alta hasta que se formen picos firmes.

Añada un tercio de la mezcla de claras a la masa. Agregue suavemente el resto de la mezcla de claras en dos tandas y vierta la masa en el molde preparado.

Hornee la mezcla en la air fryer a 180 °C durante unos 20-25 minutos, hasta que esté dorada. Déjela enfriar en el molde durante 10 minutos, luego desmóldela y deje que se enfríe completamente.

Mientras se hornea la tarta, prepare las rodajas de naranja caramelizada. Forre una bandeja de horno con papel de hornear y reserve.

Mezcle el azúcar y el agua en una cacerola grande y llévelo a ebullición. En cuanto el azúcar empiece a dorarse, añada las rodajas de naranja y deje que se caramelicen, 2-3 minutos. Sáquelas y colóquelas en la bandeja para hornear preparada para que se enfríen.

Cuando la tarta esté fría, espolvoréela con azúcar glas y cúbrala con las rodajas de naranja caramelizada.

Cortar en porciones y servir.

calorías: *277*

grasas: *12 g*

grasas saturadas: *1,6 g*

azúcar: *36 g*

sal: *0,9 g*

Tarta Linzer

*Preparación: 30 min +
1 h de reposo*

Cocinado: 30-35 min

Esta tarta procede de la ciudad austriaca de Linz. Se elabora con una masa quebrada a base de frutos secos y harina, y se puede rellenar con mermelada de frambuesa, albaricoque o grosella.

Para el hojaldre

200 g	harina para todo uso
100 g	harina de almendras
150 g	azúcar superfino
½	cucharadita de canela molida
¼	cucharadita de clavo de olor molido
150 g	mantequilla fría cortada en dados
	la cáscara de 1 limón rallada fina
1	huevo de corral, ligeramente batido

Para el relleno

240 g	mermelada de frambuesa de buena calidad
1	huevo grande, ligeramente batido, para pincelar
50 g	almendras laminadas

RACIONES

Mezcle la harina, la harina de almendras, el azúcar, la canela y el clavo de olor en un procesador de alimentos. Añada la mantequilla y la ralladura de limón y bátalo hasta conseguir una textura de migas gruesas. Agregar poco a poco el huevo.

Volcar sobre una superficie de trabajo limpia y amasar hasta obtener una pasta. Formar dos discos con la masa, uno con tres cuartas partes y el otro con la cuarta parte restante. Envuélvalos en film transparente y póngalos a enfriar en el frigorífico durante al menos 30 minutos.

Engrase ligeramente un accesorio para hornear de la freidora de aire o un molde desmontable hondo que quepa en la freidora. Forre la base con papel de horno perforado. Resérvelo.

Ponga el disco de masa más grande entre dos hojas de papel de horno y aplánelo con un rodillo hasta que tenga un grosor de 1,5 cm. Colóquelo en el molde y presiónelo para que suba unos 2 cm hacia arriba por los lados.

Ponga el resto de la masa entre dos hojas de papel de horno y aplástelo con un rodillo para formar un rectángulo fino de aproximadamente 22 x 18 cm. Dejando esta masa sobre el papel de horno, póngala sobre una bandeja para hornear. Con una rueda de pastelería, córtela en tiras de 1,5 cm de ancho. Refrigere la base de hojaldre y las tiras durante 30 minutos.

Pasado ese tiempo, extienda la confitura de frambuesa sobre la base de hojaldre. Coloque las tiras de hojaldre por encima formando un enrejado, presionando alrededor de los bordes para sellar. Píntelas con el huevo batido y espolvoree con las almendras laminadas.

Hornee la tarta a 150 °C durante 30-35 minutos, hasta que esté dorada. Deje enfriar en el molde durante 15 minutos. Afloje las paredes del molde y coloque el pastel sobre una rejilla. Déjelo enfriar a temperatura ambiente. Córtelo en porciones y sírvalo.

calorías: 194

grasas: 8,7 g

grasas saturadas: 2,5 g

azúcar: 1,3 g

sal: 1,5 g

Tarta de queso y fruta de la pasión

Preparación: 20 min +
6 h de refrigeración

Cocinado: 25 min

Las tartas de queso son sorprendentemente fáciles de preparar en una freidora de aire. El tiempo de cocción se reduce en comparación con el de un horno normal y los resultados son impresionantes. Esta la hemos aderezado con fruta de la pasión, pero puede sustituir la pulpa de fruta de la pasión por zumo fresco de limón, lima o naranja.

Para la base
200 g migas de galleta
90 g mantequilla salada derretida
50 g azúcar
½ cucharadita de jengibre molido
½ cucharadita de canela molida

Para el relleno
500 g queso crema
100 g azúcar
2 yemas de huevo de corral
50 g harina para todo uso
1 cucharadita de ralladura fina de limón
1 cucharada de zumo de limón fresco
1 cucharadita de esencia de vainilla
120 ml nata espesa
60 ml pulpa fresca de maracuyá colada

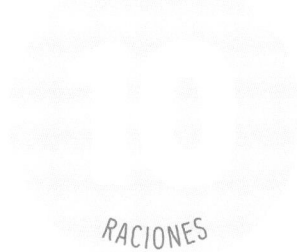

RACIONES

Forre la base de la cesta de la freidora de aire, o un molde hondo de fondo desmontable que quepa en la air fryer, con papel de horno perforado.
Mezcle las migas, la mantequilla y el azúcar en un bol mediano. Colóquelas en el fondo y las paredes del molde presionando para compactarlas. Hornéelo a 180 °C durante 5 minutos hasta que esté ligeramente dorado.
Por otro lado, bata el queso crema y el azúcar en un bol grande con una batidora eléctrica a velocidad baja hasta que quede suave. Añada las yemas de huevo de una en una, batiendo hasta que se mezclen bien después de cada adición.
Añada la harina, la ralladura y el zumo de limón, la vainilla, la nata y la pulpa de maracuyá y bata hasta obtener una mezcla homogénea. No batir en exceso.
Vierta el relleno con una cuchara encima de la base preparada.
Hornee la tarta de queso a 150 °C durante 20 minutos, hasta que esté cuajada.
Deje enfriar en el molde sobre una rejilla.
Cubra bien el molde con papel de aluminio para que los delicados sabores de la tarta de queso no se contaminen con los olores de otros alimentos del frigorífico. Enfríe durante al menos 6 horas antes de servir.

calorías: 478

grasas: 36 g

grasas saturadas: 20 g

azúcar: 20 g

sal: 0,89 g

Napolitanas de chocolate sencillas

Preparación 10 min

Cocción 8-10 min

Puede preparar este delicioso desayuno en solo unos minutos.

1	lámina de hojaldre de 250 g
4-8	cucharadas de crema de chocolate y avellanas
1	huevo de corral pequeño, ligeramente batido
	aceite vegetal, para rociar o pincelar

RACIONES

Desenrolle la lámina de hojaldre sobre una superficie de trabajo ligeramente enharinada. Corte en cuatro cuadrados iguales.

Unte cada cuadrado con 1-2 cucharadas de crema de chocolate con avellanas dejando un borde de 1 cm alrededor de los bordes.

Pinte ligeramente los bordes de la masa con huevo. Enrolle cada cuadrado de esquina a esquina, presionando suavemente para sellarlo. Estire un poco los extremos de los rollos de hojaldre para darles forma de media luna y pinte la parte superior con huevo.

Rocíe ligeramente la cesta de la freidora con aceite. Coloque las napolitanas (en muchos países se las conoce como «pain au chocolat») en una sola capa en la cesta. Cocinar durante 8-10 minutos, hasta que la masa esté crujiente y dorada.

Sírvalas calientes

calorías: 401

grasas: 26 g

grasas saturadas: 15 g

azúcar: 9,2 g

sal: 0,74 g

Pastelitos de frutas del bosque

Estos sencillos pasteles son un postre estupendo para toda la familia. Sírvalos con una o dos cucharadas de yogur de vainilla o una bola de helado.

Preparación 15 min

Cocción: 10 min

350 g	frutas del bosque variadas congeladas (ya descongeladas)
50 g	azúcar + algo más para espolvorear
3	cucharadas de harina para todo uso
2	cucharadas de zumo de limón fresco
½	cucharadita de canela molida

1	lámina de 250 g de hojaldre ya laminado
1	huevo de corral pequeño, ligeramente batido
	aceite vegetal, para rociar o pincelar

Desenrolle la lámina de hojaldre sobre una superficie de trabajo ligeramente enharinada. Córtela en cuatro cuadrados iguales.

Mezcle en un bol los frutos del bosque, el azúcar, la harina, el zumo de limón y la canela. Divida mentalmente el cuadrado en diagonal. Resultarán dos triángulos. Extienda una cuarta parte de la mezcla de frutos rojos en uno de esos triángulos dejando un borde de 1 cm alrededor de los bordes.

Doble la otra parte del cuadrado sobre el relleno para formar un pastel triangular, presionando con la punta de los dedos alrededor de los bordes para sellarlos. Asegúrese de sellarlos bien para que los jugos de la mezcla no rezumen durante el horneado (¡son un fastidio de limpiar!).

Pinte la parte superior de los pasteles con huevo y espolvoréelos ligeramente con azúcar.

Rocíe ligeramente la cesta de la freidora con aceite. Coloque los pasteles en una sola capa en la cesta. Hornéelos a 180 °C durante unos 10 minutos, hasta que la masa esté crujiente y dorada.

Sírvalos calientes.

4 RACIONES

calorías: 385

grasas: 20 g

grasas saturadas: 8,2 g

azúcar: 17 g

sal: 0,57 g

Crumble de manzana

Preparación 15 min

Cocción: 20 min

Sirva este sabroso crujiente de manzana con yogur griego natural o una bola de helado de vainilla.

Para el relleno

4	manzanas Granny Smith grandes, peladas, descorazonadas y cortadas en dados pequeños
50 g	azúcar moreno
1	cucharada de harina de maíz
2	cucharaditas de zumo de limón
1	cucharadita de canela

Para la cobertura

150 g	avena tradicional (de cocción rápida)
50 g	salvado de avena
50 g	harina de trigo integral
2	cucharadas de azúcar moreno
1	cucharadita de canela molida
60 ml	aceite de avellana o mantequilla derretida
2	cucharadas de almendras fileteadas

RACIONES

Mezcle las manzanas con el azúcar moreno, la harina de maíz, el zumo de limón y la canela, y colóquelas en un accesorio para hornear de la freidora de aire o en una fuente honda que quepa en la air fryer. Resérvelas.

Por otro lado, mezcle la avena, el salvado de avena, la harina, el azúcar moreno, la canela y el aceite o la mantequilla en el bol de un procesador de alimentos y tritúrelos hasta que se desmenucen. Incorpore las almendras. Vierta esta mezcla sobre las manzanas, presionando firmemente con el dorso de la cuchara.

Hornee el crumble durante 20 minutos a 165 °C, hasta que las manzanas estén tiernas y la cobertura dorada. Sírvalo caliente.

calorías: 535

grasas: 22 g

grasas saturadas: 9,7 g

azúcar: 35 g

sal: 0,4 g

Churros con salsa chocolate

Los churros son un plato español que suele hacerse friendo masa choux.
Resultan igual de deliciosos –y mucho más ligeros– cuando se hornean en una
freidora de aire.

Preparación 20 min

Cocción: 30 min

Para la salsa de chocolate
250 ml leche
250 ml nata espesa
50 g   azúcar
1   rama de canela, partida
200 g chocolate negro, picado grueso

Para los churros
200 g harina para todo uso
¼   cucharadita de sal marina en
         escamas
300 ml agua
150 g mantequilla sin sal
4   huevos de corral
1   cucharada de aceite vegetal
100 g azúcar superfino
2   cucharaditas de canela molida

Caliente la leche, la nata, el azúcar y la canela en rama en un cazo a fuego lento,
removiendo de vez en cuando, hasta que la mezcla esté caliente y el azúcar se
haya disuelto.

Retírelo del fuego y páselo por un colador de malla fina. Añada el chocolate y
remueva hasta que se derrita. Mantener caliente hasta el momento de servir
los churros.

Por otro lado, tamice la harina y la sal en un bol.

Ponga el agua y la mantequilla en un cazo mediano y cuézalos a fuego lento,
removiendo con una cuchara de madera, hasta que la mantequilla se derrita.
Llévelo a ebullición. Añada la mezcla de harina y sal y cuézalo sin dejar de
remover, hasta que la mezcla forme una bola y se despegue de las paredes del
cazo. Déjelo enfriar 5 minutos.

Añadir los huevos a la mezcla de harina de uno en uno, batiendo hasta que
estén bien integrados y la mezcla esté espesa y brillante. Pásela a una manga
pastelera con una boquilla de 1 cm.

Rocíe con aceite la cesta de la freidora. Mezcle el azúcar y la canela en un
recipiente poco profundo.

Coloque porciones de 10 cm de masa de churro directamente en la cesta de
la freidora de aire, separadas entre sí 1 cm. Cocínelas hasta que estén doradas,
unos 10 minutos.

Saque los churros de la freidora con unas pinzas y póngalos en el bol con la
mezcla de azúcar y canela. Continúe hasta utilizar toda la masa. Deberían salir
unos 24 churros.

Pase los churros calientes por el azúcar de canela para rebozarlos y sírvalos
calientes con pequeños cuencos de salsa de chocolate para mojar.

**12
RACIONES**

calorías: 432

grasas: 30 g

grasas saturadas: 17 g

azúcar: 18 g

sal: 0,3 g

Índice